JN114236

エンタテインメントと著作権―初歩から実践まで―①

ライブイベント・ビジネスの著作権（第2版）

福井健策 編

福井健策・二関辰郎 著

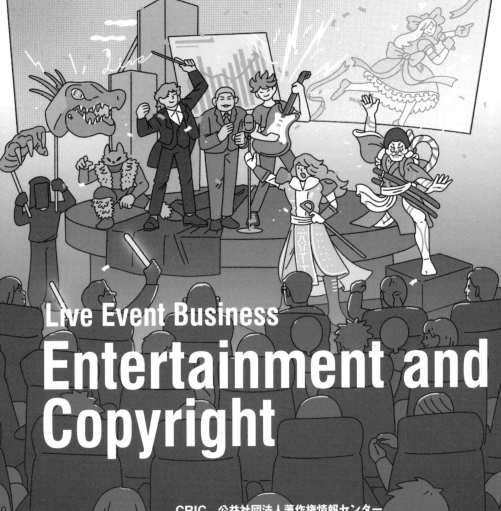

Live Event Business
Entertainment and
Copyright

CRIC　公益社団法人著作権情報センター

編者まえがき

　本書は、2006年1月に公益社団法人著作権情報センターから刊行がはじまった、「エンタテインメントと著作権─初歩から実践まで─」と題したシリーズの第1巻にあたります。同シリーズはエンタテインメントと著作権の基本入門書となることを念頭に、「音楽」「映画・ゲーム」「ライブイベント」「出版・マンガ」「インターネット」のジャンルごとに、各界の第一人者がビジネスの成り立ちと権利のかかわりなど、**現場で必要となる著作権の知識を一般向けに平易に解説するもの**を目指して企画されました。その後、幸いにも各巻が好評をいただいて版を重ねることになったのを機に、全巻を大幅に改訂しアップデートし、2020年までに第2版の刊行を終えています。

　それから3年を経て、ライブイベント編の実質的な再・改訂版として三たび刊行するのが、この第1巻となります（前回、タイトルを『ライブ・エンタテインメントの著作権』から『ライブイベント・ビジネスの著作権』へと変更しているため、形式的にはその第2版）。ライブイベントは、コンサート・演劇・ダンス・芸能からフェスティバルやセミナーまで多彩な陣容を誇り、ゼロ年代以降は一貫して力づよい成長を続けつつ、2020年からのコロナ禍で一転して壊滅の危機に瀕した分野です。後述するライブ配信やバーチャルイベントなど、デジタルによる急速な進化も経験するなど、ビジネスや権利の面でもある意味で最も変転の著しいジャンルとも言えるでしょう。

　もっとも、変化の時期だからこそ、「過去いくたの傑作を生みだしてきた各分野の創造と協働のメカニズムを知り、そのうえで著作権法のはたすべき役割を考える」という本書の視点は変わっていません。過去2度の版に続き、本シリーズがエンタテインメント・ビジネスの豊かで幸福な発展の一助とならんことを願っています。

　もちろん、実際の案件の処理は最新の法令その他の情報を確認し、必要に応じて専門家の助力を得ておこなうことをお勧めすることは言うまでもありません。この点、巻末に**各ジャンルごとの関係諸団体のリスト**を付しましたので、参考になさって下さい。

　各巻はほぼ、「ビジネスの成り立ちと最近の潮流」「そのジャンルの著作権

の必須知識」「テーマごとの実践ガイダンス」「巻末資料」の4部構成をとっています。コンパクトな記述を心がけたため、各箇所には必ずしも該当条文や参考判例、参考文献は記載されていません（なお、文中に登場する条文番号は、とくに注記がないかぎり著作権法のものです）。他方、わかりやすさのため、あえて記載の重複を避けなかった箇所もあります。また、本書に収録しきれなかった著作権法その他の関係法令や関連情報は、**著作権情報センターの著作権データベース**（https://www.cric.or.jp/db/）などを適宜参照されて下さい。

　各巻ごとの謝辞は著者による「あとがき」に譲りますが、シリーズ全体を通じて、多忙ななか執筆を快諾していただいた著者の皆様、本シリーズの刊行を企画し、若輩の編者に最大限の助力とフリーハンドを与えて下さった公益社団法人著作権情報センターの皆様、とりわけ同センター片田江邦彦氏のリーダーシップ、そして忍耐強く執筆者の要望を拾い上げていただいた麦人社の通山和義氏および株式会社 Reproduction の市川敦史氏に、変わらぬ謝意を表します。

2023 年、年々早くなる桜の季節に　福井 健策

装画————武田侑大
装幀————DICE DESIGN 土橋公政
編集協力———（有）麦人社

I

ライブイベント・ビジネスの
しくみと動向

ライブイベント・ビジネスを概観する

　一言でライブイベントといっても、その内容は容易に概観できないほど多彩です。イベントの種別の分類法も多様ですが、ここでは異論は承知で仮に、「コンサート」「演劇」「ダンス」「演芸」「スポーツ」「その他（展示会・フェスティバル・各種フェア・セミナーなど）」という大分類に従って、各業界のビジネス構造をラフに整理してみました。

　「その他」に分類した一部のジャンルを除けば、こうしたライブイベントのビジネス構造には共通点があります。多くのライブイベントでは「演者側」つまり「見せる・聴かせる側」と、「観客・聴衆側」つまり「見る・聴く側」が多かれ少なかれ存在し、ビジネスとしてのライブイベントは伝統的に、こうした観客・聴衆側からチケット代などの対価を得て公演や興行を行うことを一次的な収入源としています。本書ではこうした、「**観客・聴衆側から対価を得て行うライブイベント**」を中心として、（プロモーション・フェアなど無料イベントや増大するバーチャルライブ系にも目配りしつつ）著作権とのかかわりを考えていきたいと思います。

ライブイベントの基本的なしくみ

　典型的なライブイベントは、イベントを企画・準備し会場で実際にパフォーマンスを行う作業である「**制作**」面と、その経費を負担するとともにチケットの発売元となり、イベントの損益を引き受ける「**開催・実施**」面（興行などといいます）とに分けて考えることができます。「制作」の主体が自ら「興行」も行うことを多くのジャンルでは「**手打ち**」や「**自主興行**」などと呼び、これに対して、「制作」主体がプロモーターやホールなどの別団体に「興行」を任せる、つまり収支に責任をもってもらうことを、制作側から見て「**売り興行**」などといいます（ただし、非営利団体や非ステージ型のイベントでは

「興行」ではなく、「**事業**」という用語が主に使われます）。

　イベントの実施主体を「**主催者**」といいます。実際のビジネスでは「主催者」という言葉は状況やジャンルによってさまざまな意味で使われていますが、最も狭い意味で「主催者」というとき、それは「興行・事業」について収支のリスク（興行リスク）を負った主体を指すケースが多いでしょう。

　ライブイベントのチケット販売方法には、主催者による直販、企業や鑑賞団体などへの団体販売などさまざまなルートがありますが、多くのイベントでは、チケットぴあ、イープラスなどのチケット販売の専門会社を通じた販売ルートは欠かせない要素です。

図1 ｜ さまざまなライブイベント

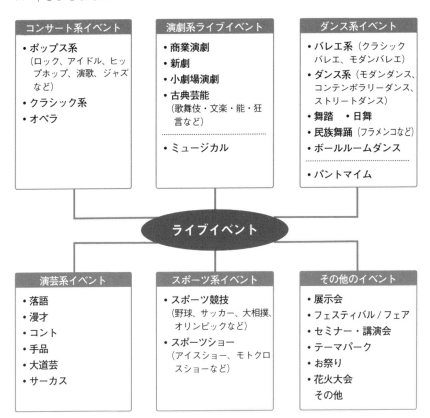

1 日本のライブイベント・ビジネス

ライブイベント・ビジネスの市場規模

ライブイベント市場の規模

　ライブイベントの市場規模の算出は困難であり、また 2020 年からのコロナ禍でそれはきわめて深刻な打撃を受け、本書改訂時にはなお困難な回復の途上です。ですが、参考までにここでは、コロナ禍前に史上最大を記録した頃の『2022 ライブ・エンタテインメント白書』の数値を用いて考えてみましょう。以下の項であげる 2019 年度の国内「音楽」「演劇」「舞踊」「演芸」公演の各市場規模を合計すると約 6295 億円、年間動員数は約 8283 万人となります。コロナ禍前のライブイベント市場は活況が続いており、出版・音楽パッケージなどの他のコンテンツ産業が 1990 年代の終わりから一貫した長期市場縮小に悩むなか、18 年間で約 2.5 倍にも成長していました。

　しかもこれは前述したスポーツ・展示会・各種フェア・セミナー系やテーマパークを含まず、かつチケット収入のみを合算した数値です。ライブイベントはグッズなど非チケット売上・放送など**二次的収入**のほか、ファン獲得・プロモーションといった**売上以外の経済効果が大きいのが特徴**です。例えばポップス・コンサートの場合の物販（マーチャンダイジング）の客単価は 2500 円〜 8000 円という指摘もあり、そうであれば、物販だけでチケット売上に匹敵する市場規模を有していることになります。また、一般にイベントは周辺飲食業や旅客・運輸・観光などの他産業への波及効果が大きいため、実際の経済的影響はこれをはるかに超えると見てよいでしょう。

拡大する二次利用市場

　ライブイベントの中心的な**二次利用市場**といえるのはテレビ・ラジオ、さ

らにこれに迫る規模に成長したネットによるライブ配信・アーカイブ配信でしょう。コンサート、現代劇・オペラ・伝統芸能・ダンス、お笑いをはじめとする演芸、それに各種スポーツイベントも加えれば、さまざまなライブイベントはNHK・民放を問わず放送各局の主要な番組メニューの一つです。特定ジャンルのライブイベントを専門に放送するチャンネルや配信プラットフォームも多数存在しています。そのためもあって、テレビ局の事業部は、ほとんどすべてのジャンルのライブイベントにおいて主催者や共同主催者（共催者）として登場する回数の多いプレーヤーです。

　また、ライブイベントを映画館などの会場で中継・上映して観客に見せる「ライブ・ビューイング（パブリック・ビューイング）」も、各種スポーツ、オペラ、コンサート、演劇から「シネマ歌舞伎」までジャンルを問わず、確実に普及し成長を続けています。

　無論、DVD、CDでのライブ録音盤などの伝統的な二次利用市場も、一定の規模を維持しています（➡ p.46 図5参照）。

▲ 収益を支えているもの

　伝統的なライブイベントにおいて一大収入源になっているのは、**グッズの売上**です。大規模コンサートでは、しばしばチケット収入だけでは満席に近い状態でないとコストは回収できないといわれます。が、近時はTシャツ、タオル、文具などのグッズの売上がチケット以上に好調で、音楽産業の収益構造を支えています。グッズは概して原価が安く、高い利益率が見込めるためで、ときにその盛り上がりは、「コンサート産業はいまやタオル産業か」と思えるほどです。

　これらのグッズは、イベントという特定の場の雰囲気のなかで、その場でしか入手できない希少感があることで売上が伸びるのが特徴です。後述する「ワンピース展」「ジョジョ展」では、熱心なファンがその場でしか購入できない複製原画などを購入し、主催者の予想を上回る売上を上げました。同じく後述する「コミケ」（コミックマーケット）など即売会系のフェアは、しばしば入場無料ですからチケット収入的にいえば前述の市場規模には貢献しませんが、同人誌などの売上規模は一般の予想を超えます。

図2 コンテンツ産業の市場推移

(単位：億円)

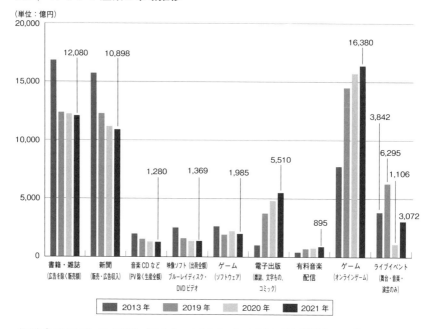

(出典)『デジタルコンテンツ白書』、『ライブ・エンタテインメント白書』、日本新聞協会データ等による

図3 コンサート産業の売上推移

年間売上額

売上額(億円)

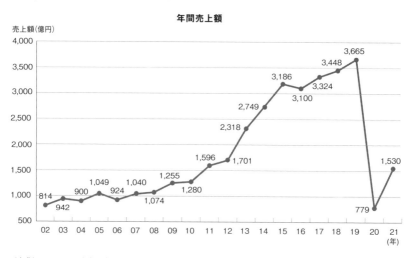

(出典)コンサート産業の市場規模「基礎調査推移表」、一般社団法人コンサートプロモーターズ協会

　即売会がライブイベントといわれると違和感をもたれる読者も多いでしょう。しかし実際には夏・冬のコミケはそれぞれ 50 万人規模の驚異的な入場者を例年集め、コスプレ・デモなど巨大学園祭というべき盛り上がりを見せます。毎回の同人誌・ソフトなどの売上は数十億円、同人誌全体でいえば年間の市場規模は数百億円といわれます。それは一方では出版や映像産業ですが、他方ではまぎれもなく「その時・その場所でしか見られず・買えない」というイベント性が人々を魅了し、高額の売上を上げるライブイベントでもあります。

　そのほか、前述のとおり、多くのライブイベントでは企業からのスポンサー収入や各種助成金も「収入」源として無視できません。ファンの獲得や「見本市」のようなプロモーションのための無料イベントも多く、チケット収入に反映されない経済効果は莫大なものがあります。

 ## 新たなライブ市場の誕生

　二次利用の枠を超えてまったく新たなライブ市場の誕生といえるのが、ライブとネットの融合でしょう。2020 年間のコロナ禍では、以上で述べた従来型のライブ市場はすべて甚大な痛手を受けましたが、ネットとの融合による「新たなライブ市場」は、一貫して拡大を続けました。

　先駆けともいえたのが「ソーシャル・ビューイング」的なイベントでした。2015 年にはニコニコ動画の年間最大イベント「ニコニコ超会議」が、4 回目にして 15 万人を超える入場者と 800 万人弱のネット入場者を集めました。そこでは、ライブでの対談やショーを数万人の視聴者がネット視聴して画面上やツイッターなどで参加し、その結果がイベントにフィードバックされる光景が、随所で見られました。

　こうした動きの最新形といえるのが、2020 年、世界的な人気オンラインゲームでありメタバースともいえる Fortnite 上で、ラッパーのトラヴィス・スコットがじつに 1230 万人のリアルタイム視聴者を集めた「バーチャルライブ」です。アバターで集まった観客たちが巨大なトラヴィスと踊る姿は、新たな時代のライブの姿を印象づけました。

　2022 年、BTS は本国でのわずか 3 ステージのコンサートを、ライブ・ビュー

イングと配信で全世界にリアルタイムで届けるハイブリッド型により、空前の 246 万人以上の有料視聴を叩きだしました。収入の 9 割以上は、バーチャルライブ部分から得られたと推計されています。

インパクトでいえばそれ以上ともいえるのは、世界的な YouTuber や「ライバー」たちの躍動でしょう。万人が情報の発信者となり世界の誰とでも結びつける Web 2.0 / 3.0 の時代には、無数のユーザーが自ら「ライブ」の送り手となり、ときに数万〜数百万もの視聴者を獲得しています。そこでは広告収入や課金・投げ銭収入による新しい経済、**「クリエイター・エコノミー」**が生まれたといわれます。

1 日本のライブイベント・ビジネス

コンサート系の
ライブイベント・ビジネス

「コンサート」は、大きく「**ポップス系**」と「**クラシック系**」に分けられることが多く、前者はさらに「ロック」「アイドル」「ヒップホップ」「演歌」「ジャズ」などに細分することもできるでしょう。しかし、ここでは演劇以上にジャンルの融合が進んでいるため、明確な線引きは困難です。「オペラ」は、クラシック系コンサートの仲間に分類されることもありますが、ミュージカルと同様「演劇」に分類することも可能でしょう。

また、演劇と同様コンサート系ビジネスでも、ポップス・クラシックを問わず、**国内・海外アーティスト**といった国内外の分類でとらえることも可能です。

一般社団法人コンサートプロモーターズ協会（ACPC）によれば、国内のコンサート産業売上は一貫した増大を続けており、2019年には前年比6.3％増加の約3665億円、合計動員数は同1.9％増加の約4954万人と推計され、いずれも過去15年間で3倍前後に上昇しています（会員社実績の合計であり、会員社数自体は15年間で51社から69社に増加）。

■ ポップス系コンサートの制作と主催

ポップス系では、コンサートの制作は、ジャニーズ事務所・アミューズなど、各アーティストが所属している**音楽プロダクション**や、その委託を受けたハンズオン・エンタテインメントなどの**ブッキングエージェンシー**が企画してスタートするのが普通でしょう。こうした音楽プロダクションの多くは、一般社団法人日本音楽事業者協会（音事協）か一般社団法人日本音楽制作者連盟（音制連）のいずれかの団体に所属しています。

企画を受けて、コンサートを実際に制作するのは、キョードー東京やディスクガレージといった**プロモーター**です。プロモーターの多くは、前述の

ACPC に所属しています。コンサートの興行リスクを負うのは、音楽プロダクション・ブッキングエージェンシー・プロモーターなどケース・バイ・ケースです。

　海外アーティストの場合も基本的には似た構造で、ウドー音楽事務所など海外分野に強いプロモーターがこれを招へいし、コンサートを実際に制作・主催します。

　大都市圏のコンサートはさらに、地方のプロモーターや公共ホールに「**売られる**」こともあります。つまり、地方プロモーターや公共ホールはこうしたコンサートを招いて、自ら主催者として興行リスクを負って観客に提供するのです。

クラシック系コンサートの制作と主催

　クラシック系では、ジャパン・アーツや KAJIMOTO といった**音楽事務所**が上記の音楽プロダクションの機能をもってミュージシャンのマネジメントを行うとともに、国内外のミュージシャンを出演させ、コンサートを制作します。クラシック系の音楽事務所の多くは一般社団法人日本クラシック音楽事業協会（クラ協）に所属しています。新日本フィルハーモニー交響楽団・東京フィルハーモニー交響楽団といったオーケストラや藤原歌劇団・二期会などのオペラ団体は、自ら公演を企画・制作することもあり、また音楽事務所の依頼を受けて彼らの制作する公演に出演することもあります。

　こうして制作された公演は自主興行されることもあれば、公共ホール、テレビ局や新聞社の事業部、地方のプロモーターや民音といった鑑賞者団体に「売られる」こともあります。その場合、こうした団体が大都市圏や地方での公演の主催者となります★1。

★1　以上、演劇、ダンス、コンサートの各業界構造については、巻末記載の各資料（➡ p.221「主要参考文献」参照）、とりわけ文化科学研究所編集『公立文化施設職員のための制作基礎知識』（地域創造、2004 年）を参照。

1 日本のライブイベント・ビジネス

演劇系のライブイベント・ビジネス

　ライブイベントのうち、「演劇」はさらに、**現代劇・古典芸能・ミュージカル**に分けることができ、現代劇系はさらに成立経緯や性格から、最も多数の集客を行う「商業演劇」、明治以降の近代劇である「新劇」、1960 年代以降に誕生した「小劇場」演劇などに分けることもできるでしょう。他方、演劇的な古典芸能の代表格は「歌舞伎」「文楽」「能」「狂言」などです。最後に「ミュージカル」は音楽・演劇・ダンスなどの複合的なジャンルで、独立のジャンルと呼んでもいいのですが、東宝や劇団四季が制作する大規模なミュージカル作品は商業演劇に含まれるともいえます。

　これらの各ジャンルは、近年急速に融合・異ジャンル交流が進んでおり、商業演劇・新劇・小劇場のジャンル分けは次第に意味をなさなくなっています。

　また、コンサートの場合と同様に、「**来日もの**」と「**国内もの**」という分類もでき、それによってもビジネス構造や業界プレーヤーが異なります。

　前掲『2022 ライブ・エンタテインメント白書』によれば、2019 年度の国内の演劇市場の規模は約 1605 億円、合計動員数は約 1910 万人と推計されています（ただし、「ミュージカル」「演劇」「歌舞伎／能・狂言」の各数値のみ合計）。

▲ 演劇公演の制作主体

　演劇公演の制作主体はさまざまですが、現代劇やミュージカルのジャンルでは、文学座・俳優座・青年座（「新劇三座」）を代表とする**新劇系**や、劇団☆新感線・大人計画・青年団など**小劇場系**の各劇団、東宝・劇団四季などの**大規模興行会社**が伝統的に代表格でした。他方、古典芸能のジャンルでは、松竹が抱える歌舞伎を例外として、**家元**を中心とする一門が制作の主体となるケースが多いでしょう。そのほか、東急文化村やパルコ劇場といった**民間**

劇場や新国立劇場・東京芸術劇場・世田谷パブリックシアターなどの**公共ホール**、ホリプロやシス・カンパニーなどの**芸能プロダクション**、**各テレビ局の事業部**もいまやさまざまな演劇公演の主要な担い手です。

演劇公演の主催者

　こうした制作主体はいわば公演の「クリエイティブ面」の責任主体ですが、演劇の分野でも制作主体が「自主興行」を行う場合ばかりではなく、先に述べたように制作主体以外の団体が興行リスクを引き受けて主催者や共催者になるケースも少なくありません。

　とくに地方では、さまざまな団体が主に東京などの大都市圏で制作された公演を「買って」、主催者として提供しています。典型的なケースでは、こうした地方主催者は、一定の金額を制作主体に支払って公演を行うことを委託し、自らは宣伝や営業を担当してチケットを売り、チケット収入を得るのです。こうした地方主催者の代表格は各地の**公共ホール**などです。また、学校公演を行う各地の**小・中・高等学校**も（チケットを売らないため、興行リスクという言葉は当てはまりませんが）主要な地域主催者といえます。

　以上は主に国内作品を念頭においていますが、ブロードウェイ・ミュージカルやヨーロッパ各国の舞台作品を代表格に、海外作品の日本への招へいも盛んです。つまり、劇団四季のように海外作品を日本人キャストで上演する「**ローカル・プロダクション**」ではなく、海外団体が制作した外国人キャストによる公演を日本に招いて一定期間上演する「**ツアー・プロダクション**」です。こうした海外作品の日本での主催団体としては、キョードー東京などの大小の**プロモーター**のほか、前述の劇場・ホール、プロダクション、テレビ局事業部があげられます。

1 日本のライブイベント・ビジネス
ダンス系のライブイベント・ビジネス

　「ダンス」の分類法も多様ですが、例えば「クラシックバレエ」などのバレエ系、「モダンダンス」「コンテンポラリーダンス」に「ストリートダンス」などを加えた**ダンス系**、1950年以降に日本の土方巽が創始していまや国際語となった「**舞踏**」（BUTOH）、フラメンコ・ベリーダンスなどの「**民族舞踊**」や日本の伝統舞踊である「**日舞**」、「**社交ダンス**」（ボールルームダンス）といったその他のジャンル、に分けることもできるでしょう。無言劇である「パントマイム」も、強いていえばこうした「ダンス」のジャンルと親和性があるかもしれません（➡いわゆるナイトクラブについては p.27 参照）。

　前掲『2022 ライブ・エンタテインメント白書』によれば、2019 年度の国内の「バレエ／ダンス」市場の規模は約 81 億円、合計動員数は約 114 万人と推計され、他ジャンルに比べると規模は小ぶりです。しかし、2012 年の高校体育でのダンス必修化をはじめダンス人口の増加、最近はストリートダンス系の各種国内・世界大会の開催や 2021 年のプロリーグ（D.LEAGUE）誕生など、ダンス人気は爆発的な広がりを見せています。

🔺 ダンス公演の制作主体

　ダンス公演の制作主体は、それぞれのジャンルごとに、牧阿佐美バレエ団・チャイコフスキー記念東京バレエ団・松山バレエ団などの大小の**バレエ団**（バレエ教室）、コンドルズ・Noism といった**ダンスカンパニー**、山海塾・大駱駝艦といった**舞踏団体**などの大小のカンパニーが中心です。花柳流・藤間流・若柳流など約 200 流派からなる**日舞の各一門**も、公演の制作主体としては重要です。

　また、バレエ分野の公益社団法人日本バレエ協会★² やモダンダンス分野の一般社団法人現代舞踊協会など、**各ジャンルの業界団体**も多くの主催公演

西洋のダンスに対して日本人特有の身体性を対峙させた「舞踏」は世界に衝撃を与えた。
大駱駝艦・天賦典式『流婆 RyuBa』（1989 年）© 荒木経惟（大駱駝艦提供）

を制作しています。ここでも、演劇と同様に、制作主体の自主興行ばかりではなく、各劇場・ホールや、ときにはテレビ局事業部も、国内や海外の各種ダンス公演の主催や招へいを行っています。

　とくにストリートダンス系では、国内外の各種大会の盛り上がりに加え、2021 年には国内発のダンスプロリーグ（D.LEAGUE）が誕生し、各企業所属のダンスチームがポイント制でのリーグ戦を戦うなど、独自の広がりを見せています。

　海外のバレエ・ダンス公演の招へいでは、公益財団法人日本舞台芸術振興会（NBS）などの独立系プロモーターも大きな役割を果たしています。

★2　公益社団法人日本バレエ協会が個人加入の全国組織であるのに対して、大規模な八つのバレエ団などから構成されるのが一般社団法人日本バレエ団連盟であり、どちらも公益社団法人日本芸能実演家団体協議会に加盟しています。

1 日本のライブイベント・ビジネス

演芸、スポーツ、美術展、フェス、セミナー その他のライブイベント

演芸・サーカス

　最後に、「その他」として、以上の3大ジャンルには分類しづらい、じつにさまざまなライブイベントのジャンルがあり、それぞれ活況を呈しています。順不同であげれば、寄席や演芸ホールなどを本来の活動拠点にする「**演芸**」といわれるジャンルがあります。その代表格は「**落語**」「**漫才**」「**コント**」

三代目林家正楽による故古今亭志ん生の高座姿の紙切り。軽妙な喋りと動きを交えながら、高座で客の注文に応じてどんなものでも数十秒ほどで切り上げる紙切りは、「実演」（➡ p.142）であると同時に切り絵自体が美しい「**著作物**」である。

や、珍しいところでは「手品」なども演芸として分類可能でしょう（イリュージョンなどと呼ばれる大規模なマジックのショーもあります）。寄席やホールを飛び出した（あるいは本来の活躍場所である路上に戻った）「演芸」として、「大道芸」もこの仲間に入るでしょう。

　次に、コロナ禍前には5000名以上のキャスト・スタッフを抱え、同時に44の大規模ショーを各国で展開するなど、世界最大のライブイベント集団というべき存在だった「シルク・ドゥ・ソレイユ」★3など、ますます脚光を浴びる「**サーカス**」（アート性を意識した最近のものは、「**ヌーヴォー・シルク**」と呼ばれます）があげられます。

スポーツイベント

　著作権との関係が幾分少なくなるため、本書では多くは触れませんが、「プロ野球」「Jリーグ」などの入場料収入に依存する「**スポーツイベント**」や、「大相撲」「格闘技」の興行も広い意味でのライブイベント、それも大規模イベントといえるでしょう。その意味では、コロナ禍による世界最大の中止・延期イベントとして、1年遅れて2021年に東京で開催された「オリンピック」や、「FIFAワールドカップ」は最大のスポーツイベントと呼べますし、実際こうしたスポーツイベントの企画・実施・宣伝・二次利用面には、他のライブイベントとの共通点が多くあります。また、純粋なスポーツイベントとショー的なイベントの境界に位置する「アイスショー」や「モトクロスショー」、さらには「プロレス」の興行も立派なライブイベントです。

その他のイベント・ビジネス

　狭い意味のライブイベントではありませんが、確実にライブ的要素をもったものとして、「**展示会（エキシビション）**」があります。2012年には、人気マンガをフィーチャーした「ワンピース展」「ジョジョ展」がいずれも六

★3　シルク・ドゥ・ソレイユはコロナ禍の直撃により全ショーの中止・破産申立という壊滅的打撃をこうむり、その後会社売却を経て、本書改訂時現在では多くのショーを再開しつつ再建途上と報じられています。
　（https://globalnews.ca/news/7481558/cirque-du-soleil-sale-coronavirus/ ほか）

夏冬各50万人以上の
入場者を集めるコミケ
(コミックマーケット)
写真：CC-BY Konstan-
tin Leonov

本木ヒルズなどで開催され、出版とイベントの融合として大成功をおさめました。さらに、2018年度には過去最高の年間3255万人超の入園者数を記録した「東京ディズニーランド」「東京ディズニーシー」などの「**テーマパーク**」も、それ自体をイベントと呼ぶべきかはともかく、運営にはライブイベントと同種の問題が多く含まれていますし、テーマパーク内で繰り広げられる各種ショーやパレードは典型的なライブイベントです。

　「**フェスティバル／フェア**」「**お祭り**」「**花火大会**」「**クラブパーティー**」なども広い意味では立派なライブイベントです。前述した、海外にも広がるオタクの祭典「コミケ」など、オタク文化・ネット文化と結びついた巨大イベントの人気が高まっており、そこでは当然ながら著作権は中心的な課題として浮上します。RX Japan（旧リードエグジビションジャパン）などが開催する各種の国際見本市も、その規模と多様性を年々高めており、2014年にはイベント人気を反映して「第1回ライブイベント産業展」が2万人以上の関係者を集めて開催されました。

　70年代以降、ナイト・カルチャー、クラブ・カルチャーを通じて日本文化にも大きな影響を与えてきた**ダンスクラブ（ナイトクラブ）**は、日本では風俗営業として**風営法**（風俗営業等の規制及び業務の適正化等に関する法律）の深夜営業規制を受けてきましたが（いわゆるダンスクラブ規制）、規制反対の高まりを受け、2015年には改正風営法が施行されました。これにより、

照度などの基準を充たせばクラブの深夜営業は可能となりました。

　逆にぐっと真面目（？）に、「**講演会・セミナー**」もライブイベントの仲間です。過去ビル・ゲイツ、イーロン・マスクなどの著名人も登壇し、ネットで無料配信されながら、1万ドル（約130万円。本書改訂時現在）の年間ライブ参加権には多くの申込みが集まるプレゼン・イベント「TED」など、ネットと連動した「知のライブイベント」にも人気が集まっています。

2 ライブイベント・ビジネスをめぐる最近の動向

カンパニーからプロデュース制へ／異ジャンル交流の増加

　演劇系やダンス系のイベントでは、**カンパニー制からプロデュース公演への移行**が、過去数十年にわたる大きな潮流だったといえます。

 伝統的なカンパニー制

　日本の演劇界やダンス界を長らく支えてきたのは**カンパニー制**でした。現代劇でいえば、新劇運動は前述のいわゆる「新劇三座」を中心とする築地小劇場由来の劇団が支えてきましたし、1960年代以降に新劇へのカウンターとして発生したアングラ・小劇場運動も、唐十郎や野田秀樹といった各世代の演劇人を中心とする小劇団が主な担い手でした。これらの劇団は、往々にして「座付き」と呼ばれる専属的な劇作家・演出家と、所属（ときに専属）の俳優から構成され、自主興行や、売り興行による地方公演を主な発表場所としてきました。

　現代劇だけでなく、国産ミュージカルを支えてきたのは劇団四季を代表とするミュージカル劇団でしたし、オペラを担ってきたのも藤原歌劇団などのカンパニー、古典芸能も各流派の一門という「カンパニー」が創造・興行活動の単位でした。N響や新日フィルといったクラシック分野におけるオーケストラもカンパニーの例です。

 増大したプロデュース公演

　こうしたカンパニーの特徴として、（一部例外を除いて）クリエイターおよびパフォーマー中心の団体であることがあげられるでしょう。そこでは、固定メンバーを中心としたそれぞれのカンパニー色の強い公演が行われます。公演の財政構造は往々にして脆弱で、クリエイター活動や出演活動だけで十分な所得を得るという意味での「プロフェッショナル」性は薄い、つまり「興

図4 | 典型的なカンパニー制とプロデュース制

行だけでは食えない」カンパニーが多いのが特徴といえました。

　こうしたカンパニー制やカンパニー公演に対置されるのが、もうひとつの主流である**プロデュース公演**です。そこでは、公演のたびに演目にふさわしい演出家、振付家、出演者などのメンバーが集められ、その公演が終われば「解散」します。つまり、そのつどスタッフや出演者に業務や出演の依頼が行われることになります。公演の中心にいるのが、企画・制作・宣伝広報・会計などを統括する「**プロデューサー**」です（➡ p.148「プロデューサー／主催者①」参照）。そこではまた、従来の固定的なカンパニーの関係と異なり、さまざまなジャンルからクリエイティブな才能が集められ、コラボレーションが行われることになります。

　こうした**プロデュース・異ジャンル交流**の増大は、メンバーシップ型の企業中心の経済から、フリーランスが活躍するギグ型のエコノミーへの社会の移行と、軌を一にするものともいえるでしょう。

ビジネス面からみた異ジャンル交流

　こうしたプロデュース制・異ジャンル交流は、ときに相互の刺激や化学反応により新鮮な感動を生み出す反面、さまざまな軋轢（あつれき）や失敗を生むこともあります。ビジネス面から見れば、バックグラウンドやジャンルが異なればビジネス慣行・契約慣行・相場感のすべてが異なるため、従来の「暗黙の了解」

や「話し合いで進行」という前提が通用しにくくもなります。

　プロデュース公演とともに異ジャンル交流が増え、従来のビジネスの進め方が通用しにくくなると、プロデューサー側と各スタッフや出演者との間で、事前に**ビジネス条件**をしっかり話し合う必要が全般に高くなります。その結果、従来はほとんど取り交わさなかった**契約書**が関係者間で取り交わされることが増えてきました。フリーランス保護の文脈でも、契約への社会の注目は高まっています。

　著作権や著作隣接権をめぐる問題も重要性を増しています。従来のカンパニーによる「内製」で公演が行われていた時期には、（カンパニーが分裂でもしない限り）お互いの権利関係を意識する必要は相対的に低いレベルにとどまっていました。しかし、海外作品を含めて多彩な演目を、多彩なクリエイター・出演者を結集してプロデュース形式で公演する場合、少々事情は変わってきます。いわば全員が「外部者」ですから、作品の著作権処理に不備があったとなっては、「なあなあ」では容易に解決しません。しかも、放映やDVD化といった二次利用まで視野に入れるならば、著作権の比重やそれを意識する機会は高まらざるを得ません。このことは、後述する配信とデジタルアーカイブ需要の高まりのなかでいっそう大きな問題になったといえるでしょう。

　このように、好むと好まざるとにかかわらず、ライブイベントの分野でも著作権処理や契約処理がいっそう重要なテーマになったといえるでしょう。

多様化する「原作もの」

人気が続く「原作もの」

　小説や映画といった既存の作品を原作として演劇作品やダンス作品のような舞台作品が多くつくられるのは、最近に限らず一貫したライブイベントの潮流です。例えば、**小説**から舞台化された例としては、林芙美子の人気小説を題材に菊田一夫が戯曲化した『放浪記』や、ユゴーの大河小説がミュージカル化された『レ・ミゼラブル』など、それこそ無数にあります。

　また、**絵本**を原作に人形劇が制作される例（『三びきのやぎのがらがらどん』など）、**マンガ・ゲーム**のミュージカル舞台化（2021 年に累計動員 300 万人を超えた『テニスの王子様』や、2.5 次元人気の代名詞ともいうべき『刀剣乱舞』など）、**映画**からミュージカル化される例（『美女と野獣』『ライオン・キング』など）もあります。映画の舞台化については、『マイ・フェア・レディ』『ウェストサイド物語』『サウンド・オブ・ミュージック』などを思い浮かべた方がいるかもしれませんが、逆です。これらはすべて舞台作品が先につくられて大ヒットしたあとで、映画化されたものです（『キャバレー』『シカゴ』『ヘドウィグ・アンド・アングリーインチ』も同じ）。1990 年代後半から、既存ポップソングばかりで構成されたミュージカル（ジュークボックス・ミュージカル）も人気を博しました（ABBAの『マンマ・ミーア！』、ビリー・ジョエルの『ムーヴィン・アウト』など）。

　舞台作品から舞台作品への移植も珍しくありません。ブレヒトの代表作『三文オペラ』は 18 世紀の『乞食オペラ』という作品の翻案ですし、前述の『マイ・フェア・レディ』自体がバーナード・ショウのストレートプレイのミュージカル化です。歌舞伎の『勧進帳』は能の『安宅』の移植ですし、同じく歌舞伎の『文七元結』は三遊亭円朝の傑作落語からの移植です。

このほか、『ドン・キホーテ』や『ロミオとジュリエット』のように小説や舞台劇からバレエ作品に移植されたものもあります。また、厳密には原作とはいえませんが、実在の人物や事件を題材にした舞台作品も数多くあります。大杉栄や大正期の左翼運動関係者たちを活写した『美しきものの伝説』、高村光太郎・智恵子夫妻を描いた『暗愚小傳』、珍しいものでは墜落した飛行機のボイスレコーダーの記録内容をそのまま舞台劇化した『CVR：チャーリー・ビクター・ロミオ』という作品もあります。

最近の傾向としては、**テレビアニメ**や**人気キャラクター**を原作としてミュージカルやテーマパークのアトラクションが制作される例が増えています（サンリオやディズニーキャラクターによるショーなど）。また、ここでは詳しく述べませんが、音楽の分野でもクラシックやかつての流行曲が異なるテイストにアレンジされ演奏されるケースも少なくありません。これも一種の「原作もの」といえるでしょう（➡ p.188「アレンジ、オーケストレーションの権利」参照）。

🔺 不可欠な著作権と契約の知識

実話に基づく場合は若干異なりますが、こうした原作ものは多くの場合、原作となる**著作物の翻案や編曲利用**にあたります（➡詳しくは p.160 ～ 163「原作と著作権①・②」参照）。そのため、基本的に**原作の著作権者の許可**を受ける必要があります。とくに海外の原作を中心に、こうした原作の**権利処理**はときに高額の対価を伴い、また複雑な利用条件を記載した契約書の締結を求められることもあります。「権利の時代」を背景に原作者側の権利意識が高まっていることもあり、原作の権利処理を誤ったために作品が公開不可能となったり、高額な賠償請求を受けるケースも出てきました。そのため、原作もののイベント実施には、これまで以上に著作権知識や契約知識の駆使が必要となってきています。

レパートリー化・ロングラン化の試み❶

　テーマパークのような常設的な施設のアトラクションを除けば、洋の東西を問わず多くのライブイベントの興行形態は「**リミテッドラン**」です。これは、当初から期間やステージ数が決まっており、客足の多少にかかわらずその期間中は興行を行うし、また、その期間が終われば興行を終えるというものです。

　ところが、世界の演劇界のなかでも、ブロードウェイとロンドン・ウェストエンドでは「**ロングラン**」という興行システムをとっていることは有名です。これらの地域では、プロデューサーは期間を定めずに劇場を押さえ、不定期で興行を開始します。そして、観客動員が十分あって、チケット収入が公演を続けるのに十分な経費額（ランニングコスト）をおおむね上回る限りは興行を続け、逆に、チケット収入がランニングコストを下回り興行が赤字を出すようになれば、ほどなく興行を終了するというものです。

　まさに**採算性**を最上位においた非情な興行形態といえます。しかし、この形態により、ブロードウェイやウェストエンドは公的な財政援助にさほど頼ることなく、大規模な集客とエンタテインメント界での存在感を維持し続け、多数のプロの演劇人を養ってきたことも事実です。映画の世界では、全世界で史上最高の興行収入を集めたのはジェームズ・キャメロン監督の『アバター』といわれます★4。ですがディズニーのミュージカル舞台版『ライオン・キング』は、このロングランと、複数のカンパニーを各地で巡回公演させる「**ツアーシステム**」によって、2019年時点ではすでに『アバター』の本書改訂時の累計29億2000万ドル強のじつに3倍以上、累計96億ドル（約1兆560億円。当時）以上の舞台興行収入を全世界で上げていました（ネット情報による）。

★4　いったん『アヴェンジャーズ／エンドゲーム』に抜かれたものの、リバイバルで奪還。

かつ、この差は開く一方です。

　これに対して、ヨーロッパの劇場では、オペラ・バレエなど各種のジャンルで「**レパートリーシステム**」という興行形態がとられます。これは、劇場付きのカンパニーが常時複数の演目をレパートリーとしてもち、例えば毎月それぞれの演目を数ステージずつ上演し続けるというものです。断続的とはいえ、新たな作品と交代されるまでは上演が続くという意味で、ロングランと似た部分もあります。三谷幸喜の傑作戯曲『笑の大学』は、2000年代以降にロシアなど海外の多くの劇場でレパートリー化され、今月は○日、来月は×日というように長期的に上演が続けられました。

　言うまでもなく、ロングランもレパートリーシステムも、当初から長期間の公演を決めて劇場やキャスト・スタッフを拘束するリスクを避ける一方で、人気の出た作品についてはすこしでも上演回数を増やして動員と収入を増やすための工夫といえます。

日本でのロングランの試み

　日本では、劇場や人気俳優のスケジュールを不定期で押さえるということが難しく、また、常設劇場をもったカンパニー（あるいは専属カンパニーをもった劇場）が必ずしも多くなかったことから、従来ロングランやレパートリー化は一部の例外を除いては困難だといわれてきました（常設劇場をもつ歌舞伎などはある種のレパートリーシステムといえるかもしれませんが、スケジュールがやや柔軟さを欠きます）。そこでは、動員を予想し、予算を立ててから公演期間を決定するスタイルが一般的です。

　しかし、1980年代に劇団四季が『キャッツ』によって、仮設劇場（後に常設劇場）を駆使してロングランの達成に成功してから、日本でもロングラン公演が可能であることが実証されました。劇団四季はこのビジネスモデルによって、またたく間に演劇系ライブイベントでは最大級のシェアを獲得するまでになったのです。

　本書改訂時にはTBS・ホリプロ共同制作による舞台版『ハリー・ポッターと呪いの子』のような、常設型劇場によるロングランの試みが、劇団四季以外の主催者からも現れており、ゆくえが注目されます。

レパートリー化・ロングラン化の試み❷

 ## 日本のロングランシステムのメリット

　劇団四季ほど典型的なロングランではないものの、例えば東宝は過去三十数年間にわたり、ミュージカル『レ・ミゼラブル』をほぼ隔年のペースで、東京・地方を合わせて数か月間ずつ上演し続けています。このように、人気作については**短いサイクル**で**長期再演**を繰り返す例も目立ちます。これは、劇場を不定期に押さえるのが難しいなかで発達した、日本なりのロングランシステムといってよいでしょう。熱心なファン（リピーター）にとっては、2、3年間で終わるロングランよりも、ときにはうれしい形かもしれません。

　短いインターバルで再演を繰り返せば、初演時に製作したセットや衣裳を再利用しやすく、出演者の選択や稽古に要するエネルギーも少なくて済みます。他方、初演で評判を呼んだ作品ならば、リピーターや初演を見逃した観客など、再演での動員を見込みやすくなります。その結果、初演では十分に利益を上げられなかった作品が、再演で利益を生み出すということが増えてきました。

　こうした人気作の再演は無論、はるか以前から珍しいことではありませんでしたが、全般的に、当初から再演までを見通して公演を行う傾向が強まっているように思われます。

 ## 緻密な契約処理の重要性

　一度のリミテッドランだけを念頭に舞台作品を製作する場合と比べて、ロングランや繰り返し再演することを見越して作品を製作する場合には、関係者との**契約処理**や**権利処理**の重要性は高まります。のちほど詳しく述べますが、舞台作品はさまざまなクリエイティブ要素が集まった総合芸術です。こ

表1 | ブロードウェイのロングラン記録　　　　　(2022 年 11 月 4 日現在)

順位	作品名	公演回数
1	The Phantom of the Opera	13,789 回 (続演中)
2	Chicago	10,146 回 (続演中)
3	The Lion King	9,763 回 (続演中)
4	Cats	7,485 回
5	Wicked	7,299 回 (続演中)
6	Les Misérables	6,680 回
7	A Chorus Line	6,137 回
8	Oh! Calcutta!	5,959 回
9	Mamma Mia!	5,758 回
10	Beauty and the Beast	5,462 回

(出典) https://www.ibdb.com/ より

表2 | (参考) 日本での主要作品の「ロングラン」回数

作品名	公演回数
ライオンキング	13,625 回 (2022 年 11 月 18 日現在)
キャッツ	10,954 回 (2022 年 11 月 18 日現在)
オペラ座の怪人	7,827 回 (2022 年 11 月 18 日現在)

　(以上、劇団四季による)

レ・ミゼラブル	3,459 回 (2022 年 12 月現在)
放浪記	2,159 回 (2022 年 12 月現在)
Endless SHOCK	1,931 回 (2022 年 12 月現在)

　(以上、東宝による)

＊以上は、主要作品をいくつかピックアップしたもので、上位作品を網羅してはいません。また日本の数値は原則として地方公演も加えたものです。

　うしたクリエイティブ要素については、振付家・ソングライター・劇作家などのクリエイターが著作権をもちますから、クリエイターから必要な許可を得ていないなどの権利処理が不十分だと、公演は実施できなくなります。

　短期間の公演ならば、仮に権利処理に不手際があっても、必然的に公演後の「事後処理」となるケースもありますが、ロングランや近未来に再演を控えた作品ならばそうはいきません。必要な権利処理を行えないために、ロングランや再演自体を断念せざるを得ない事態もあり得ます。そのため、権利処理にはより緻密さが求められる、というわけです。実際、**上演権の所在**などをめぐる関係者の意見の相違から、長い間再演が事実上不可能で「幻の名作」となってしまった舞台作品も少なくありません。

来日イベント大国・日本❶

　来日イベントの活況も 1980 年代以降のライブイベントを特徴づけてきた動向といえます。音楽分野では 1960 年代のビートルズ来日に代表されるように、いわゆる「外タレ」の来日公演は長い歴史をもっています。しかし、社会がバブル期に向かい観客の購買力が高まったことを背景に、他のジャンルのライブイベントでも従来は不可能であったような大型イベントが次々と来日公演を果たすようになりました。

日本はライブイベントの国際センター

　その後、文化産業全体で見られる「東高西低」の傾向はライブイベントにも及び、コンサートであれその他のイベントであれ国内発のものがより盛況で、来日イベントは動員面で苦戦する場面も見られました。それでも、日本は世界有数の来日イベントのメッカであり、巨大市場であることに変わりはありません。とくに 26 万枚のチケットを売り切った 2013 年のポール・マッカートニー来日公演の大成功は、来日イベントの復活を鮮やかに印象づけるものでした。

　オペラやバレエでは、前述の NBS やジャパン・アーツなどの招へいで、英国ロイヤルバレエ団やメトロポリタンオペラといった、世界トップランクのバレエ団や歌劇場が毎年のようにスターごとの「**引越し公演**」を果たしています。

　ミュージカルでは、「引越し公演」の代わりに、ブロードウェイやウェストエンドの人気作品が**ツアー用のカンパニー**を別途組んで、国内や世界を巡業するのが一般的です。日本は、ライブイベントの市場としては米国に次いで世界第 2 位の規模をもつため、東京や大阪（および場合によってはその他の日本の数都市）の巡業は、これらのツアーにとって必須のルートといえま

す。なかには、『ブラスト！』のように熱狂的な固定ファンを獲得して、毎年のように来日を繰り返した公演もあります。

　音楽のジャンルでは、前述のとおり、ポップス、ロックからジャズ、ワールドミュージック、クラシックに至るまで莫大な数のアーティストが例年来日公演を行っており、さらに一大ブームを巻き起こしたサーカス『シルク・ドゥ・ソレイユ』は、特設テントなどによって大規模な集客を続けました（コロナ禍での苦境と復活については前述）。

　そのほか、格闘技をはじめスポーツ系のイベントも目白押しで、すべてのジャンルの小規模な公演まで含めれば、開催される来日イベント数は東京圏だけで連日、数十を下ることはないでしょう。まさに日本（とくに東京）は、おそらく世界でも最もヴァラエティに富んだライブイベントの国際センターであるといえます。

　こうした来日公演においては、第I-1章で紹介したとおり、ほぼ必ずといってよいほど日本側の招へい元、すなわち**プロモーター**（プレゼンターともいいます）が存在します。公演のために来日するカンパニーの人数は、最大規模のオペラ公演などでは百数十名にも達し、ミュージカルのツアー・カンパニーでも 50 名前後に及ぶのが普通です。これほどの大人数と大規模な機材が一挙に来日し、長期間にわたる公演をつつがなく成功させ、無事帰国するのは一大事業ですから、招へい元のプレゼンターには、前述のプロデュース公演の場合以上に、契約処理や権利処理の面で難しい舵取りが求められます。

ライブイベント・ビジネスをめぐる最近の動向

来日イベント大国・日本❷

複雑で高リスクな契約・権利処理

前項で紹介したいわゆる「**来日もの**」の契約と権利処理は、ライブイベントをめぐる法律問題のなかでもおそらく最も複雑でリスクの高いものです。その最大の理由は、ライブイベントは書籍やレコードといった記録型の作品と異なり、「**生もの**」であることです。記録型の作品であれば、仮に契約や権利処理に問題があっても、発売をしばらく延期することができます。もちろん延期は非常に困った事態ではありますが、少なくとも作品が発売延期によってふいに無価値になるわけではありません。

しかし、事前に会場を押さえ、チケットを販売して行うライブイベントは、基本的に「**その時、その場所で、そのイベントが**」行われなければ、準備のすべてが**無価値**になります。数日後に延ばすことさえ、多くのケースでは不可能です。会場は別なイベントによって押さえられ、スタッフには別な仕事が入っており、観客には別な予定があるでしょう。

数億円かけて準備したイベントも、予定された日時に行われなければ、瞬時にしてほぼ価値を失います。中止されたイベントのチケット代はおおむね払い戻されますので、かかった経費だけが純然と損害として残ります（2020年から世界を襲ったコロナ禍では、まさにこの「生もの」という特質によって、日本のライブイベント界は累損1兆円以上とさえいわれる空前の打撃をこうむりました）。これは、とくに来日イベントでは拡大するリスクです。

活況の裏にひそむ落とし穴

そのため来日イベントの契約書は、（大規模なものはとくに）分厚く複雑化する傾向が強く、交渉もかなり専門化します。同様に権利処理も、国内の

関係者だけでことが起きたときに比べて、「なあなあ」で解決がつく可能性がそれだけ低くなります。さらには後述する**著作権の保護期間**や**グランドライツ**のような特有の問題もあるため、かなり専門的な知識が必要なジャンルです（➡ p.99 ～ 105「死後の保護と保護期間①・②」、p.192 ～ 197「グランドライツ①～③」参照）。

　業界の体質として、来日ものでも国内の従来型イベントと同様に考え、相手の提示する複雑な契約書をよく読まずに署名し、かかわる権利にもまったく無頓着な関係者も見受けられます。来日イベントの招へい経験が乏しいまま新規参入し、必要な知識がないままに契約や権利問題を処理している例もあります。

　しかし、来日イベントでは、契約や権利を軽視した態度がトラブルや取り返しのつかない損失につながる可能性が国内ものに比べて格段に高いので、注意が必要でしょう。

　なお、最近、これとは逆に日本のライブ作品が海外に進出する例も見られるようになりました。例えば、パリにおける市川海老蔵襲名披露公演での故団十郎・海老蔵親子の競演や、大相撲の海外巡業、2010 年代に入りパリ「Japan Expo」やアジア各都市への 2.5 次元ミュージカルや J-POP の海外ツアーが増加するなど、日本文化への関心の高まりもあって、さまざまなジャンルのライブイベントが海を越えて**海外公演・海外遠征**を行うケースも増えてきました。

　こうした日本側の海外公演でも、立場は逆になりますが、来日公演の場合と同じように慎重な契約や権利処理が求められることは同様です。

　なかには、「海外公演」を行うことに意義がある、という発想で、経費もリスクも一切日本側もちで行われる公演も時折目にします。無論、事情によってはそれでよいケースもあるでしょう。しかし、本来はビジネス面も含めて対等に相手と交渉を尽くしてこその国際交流とはいえないでしょうか。

2 ライブイベント・ビジネスをめぐる最近の動向

市民・地域連携と「劇場法」の展開

 ## 増える「市民参加型」イベント

いわゆる「**市民参加型イベント**」の増大も、近年のライブイベント界全体の潮流といえます。公共ホールなどが主体となって、一般参加者を募って市民ミュージカルを制作したり、あるいは年末に「第九」コンサートを行うといったイベントで、「**地方の文化発信**」が叫ばれるようになった 1990 年代から格段に増大した印象があります。2001 年に施行された**文化芸術振興基本法**で地域における文化芸術の振興のために国や自治体の施策が求められていることも、文化発信事業の増加と符合するのでしょう★5。こうした市民ミュージカルや市民コンサートは多くの場合、演出家や指揮者といった一部のプロが核となり、多くの市民の参加を募って実施されます。

市民イベントのなかには、東京の大規模劇場での遠征公演を実現した新潟・りゅーとぴあ発の市民ミュージカル『半神』など、以前から素晴らしいものも少なくありませんでした。一般オーディションで選ばれた高齢の俳優たちによる「さいたまゴールドシアター」のように、プロ化して話題作を次々と発表し、海外ツアーまで行う団体も登場しています（故蜷川幸雄主宰。2021年惜しまれつつ終了）。また、公演の模様が映像配信されたり、記念 CD 化やDVD 化されて販売されることも珍しいことではなくなっています。

同じく「地域の文化発信事業」として、音楽や演劇など各種の「コンクール」や「フェスティバル」も各地で盛んに行われており、一般市民の活動が対象だったり、「セイジ・オザワ松本フェスティバル」（旧サイトウ・キネン・フェスティバル松本）のように、運営面をボランティアの参加市民が支えているイ

★5　同法 14 条、35 条など。

ベントも目立ちます。

　また、一般の参加を募って、プロのクリエイターがダンス・音楽などを指導する「ワークショップ」や、スポーツなどの「一日教室」も盛んです。これらも、広い意味では市民参加型イベントといえるでしょう。

注意を要する「素人」の権利関係

　こうした市民参加型イベントの増大もまた、従来型のライブイベントとは異なった権利や契約をめぐる問題をもたらします。制作主体側は、こと権利処理に限っていえば、市民参加型イベントではいきおいプロのクリエイターやキャストの権利処理にばかり気を配り、「素人」である**参加市民の権利関係**には無頓着な例が多かったように見受けます。

　しかし、「素人」の出演者やコーラスといえども、その演技や歌唱は理論的には後述する「**著作隣接権**」の対象です（➡ p.84 ～ 87「著作隣接権とは何か②・③」参照）。また、参加者一人ひとりには「**肖像権**」があって、事情によってはこれが問題となるケースもあります。一般市民が公募で執筆した戯曲や楽曲も著作物として保護されるのは言うまでもありません。よって、一般市民の活動やその放映・二次利用には、少なくとも潜在的には、プロのクリエイターの場合と同等かそれ以上の権利問題がひそんでいることになります。

　しかも、市民の出演者やクリエイターの場合、JASRAC のような専門の団体が権利を管理していたり、作品の利用に共通の常識や相場感が存在しているとは限らない点は注意が必要です。これは権利の問題にとどまらず、例えば市民ボランティアがイベント中に怪我をするなど、さまざまなトラブルに巻き込まれた場合にもいえることです。「素人だから大げさに考えなくてよい」とか「みんなでつくったコンサートの DVD を出すのに許可もへちまもないだろう」とは、一面もっともではありますが、イベントの規模や二次利用の範囲に応じた最低限の配慮は必要でしょう。

地域の文化発信と「劇場法」

　こうした地域の文化発信の担い手としては、前述のような各地の公共ホールのほか、新しいタイプの主体も生まれています。鳥取県の「鳥の劇場」は、

劇団・NPOが廃校となった学校校舎を借り受け、手作りとわずか1000万円規模の予算で芸術センターとして再生させた例です。地域社会との連携、海外有数の団体を招いた国際フェスティバルの開催など幅広い創作・発信活動で、文化選奨新人賞や国際交流基金「地球市民賞」を受賞し、注目を集めています。

　2012年には、劇場・コンサートホールの基本法として日本で初めて**劇場法**（「劇場・音楽堂等の活性化に関する法律」）が成立しました。そこでも、これまで各地の公共ホールなどが単なる貸館・集会施設の域を脱せなかったという反省のもと、地域からの実演芸術の発信・振興のためのホールの役割と、国・自治体の地域活動の支援などが盛り込まれています（同法7条・12条など）。

　また、2017年には文化芸術推進基本法が**文化芸術基本法**へと改正され、これに基づく5か年の「文化芸術推進基本計画（第一期）」が策定されました（本書改訂時、第二期の策定中）。地域連携は、文化政策の大きな柱として存在感を高めています。

巨大イベントと
放映権・商品化ビジネス

 放映権ビジネス・商品化ビジネスの巨大化

　オリンピックや FIFA ワールドカップといった巨大イベントをめぐって、いわゆる**放映権ビジネス**が 1980 年代以降、巨大化を続けました。こうしたスポーツイベントは、じつはそれ自体が著作権や著作隣接権でどこまで守られるか疑問もあります。しかし、選手らの肖像権によって、あるいは施設管理権（主催者が会場施設を物理的に管理していること）によって、とりもなおさずこれらのイベントを第三者が勝手に録画・録音したり放映することは困難です。言いかえれば、イベント主催者や選手らの許可と協力がなければイベントを放映することは事実上難しいため、そこに「放映権ビジネス」の成立する余地が出てきます。

　巨大イベントの「放映権」は、IOC や FIFA といった主催者団体が事実上管理していることが多く、こうした主催者団体は全世界を地域に分割したうえ、各国の放送局に独占的な放映権を許諾するケースが通常でした。その際、放映局が主催者団体に支払うのが「**放映権料**」であり、2000 年のシドニー・オリンピックから始まる夏冬 5 つの五輪について NHK と民放連合（ジャパンコンソーシアム）が支払う放映権料は 5 億 4550 万ドルにものぼるといわれました。この時点ですでに 1984 年のロスアンジェルス・オリンピックから 16 年間で 6 倍以上に上がったことになります。

　高騰ぶりはその後も続き、2021 年の東京オリンピックでは IOC の収入の 73％にのぼる 40 億ドル（約 4400 億円。当時）は世界中からの放映権収入であったといわれます。

　放映権ビジネスには、大手広告代理店などの**エージェント**が介在することも少なくありません。オリンピックなどに限らず、巨大イベントで各放映局

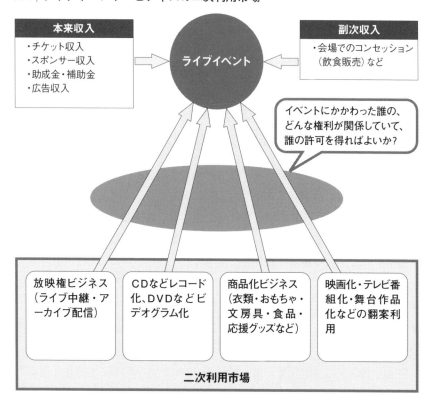

図5│ライブイベント・ビジネスの二次利用市場

本来収入
・チケット収入
・スポンサー収入
・助成金・補助金
・広告収入

ライブイベント

副次収入
・会場でのコンセッション
（飲食販売）など

イベントにかかわった誰の、
どんな権利が関係していて、
誰の許可を得ればよいか？

放映権ビジネス
（ライブ中継・ア
ーカイブ配信）

CDなどレコード
化、DVDなどビ
デオグラム化

商品化ビジネス
（衣類・おもちゃ・
文房具・食品・
応援グッズなど）

映画化・テレビ番
組化・舞台作品
化などの翻案利
用

二次利用市場

が放映権獲得にしのぎを削るのは、もはやまったく珍しい事態ではなくなり
ました。

　そして2010年代なかばから、この放映権ビジネスの主役に躍り出たのが
動画配信ビジネスです。

　総務省『令和4年版 情報通信白書』は、2021年の世界の動画配信市場規
模を約900億ドル（約10兆2000億円。当時）と推計しており、それは年率
10％を優に超える高率の成長を続けています。スポーツイベントにおいて
も、DAZN（2016年サービス開始）などの大手配信プラットフォームが放映の
主要な担い手になりつつあります。例えば、Jリーグの放映権は12年間の
総額2239億円で同社が独占しており、アジアサッカー連盟とも、W杯アジ

ア予選など 14 大会の放映権を 2028 年まで独占する契約を交わしています。2022 年の W 杯本大会の放映権も前述のジャパンコンソーシアムは高額ゆえ獲得できず、AbemaTV の力を借りて辛うじて日本勢が全試合の無料放送を確保しました。

放映権ビジネスに続いて、とくに拡大が著しいのは各種の**商品化（グッズ）ビジネス**です。例えば、オリンピックの年にはオリンピック・ロゴやその年のマスコット・キャラクターの配された T シャツやマグカップなどのさまざまな商品が製造され、大きな売上を上げます。スポーツイベントだけでなく、前述のコンサートや東京ディズニーランドといったテーマパーク、その他ほとんどあらゆるライブイベントにとって、グッズ販売はいまや主要な**二次収入源**となっています。

このような商品化の対象としては、典型的には T シャツなどの衣類・タオル・ぬいぐるみ・文房具・食品・応援グッズなどがあげられますが、ライブイベントの模様や舞台裏を収録した映像も、広い意味では商品化のうちといえるでしょう。

商品化を実際に行うのは主催団体のほか、おもちゃメーカーなどさまざまな団体が権利者の許可（**商品化ライセンス**）を受けて製造・販売します。その際に支払われるライセンス料は、やはり巨大イベントではかなりの高額となります。

🔺 放映権ビジネスの法的根拠

放送権や商品化に限らず、何らかのコンテンツの利用許可（ライセンス）を受ける場合の最も基本的なルールは、「**必要な権利をもっているすべての関係者から必要なすべての許可を得る**」ということです。例えば、利用を許可する権限のない者にいくら高額の対価を払ってライセンスを受けても、それは「空手形」としかいいようがありません。

この点、放映権ビジネスは、そもそもどういう権利に基づいて主催団体が放映を許可しているのか曖昧な場合が少なくなく、莫大な金額がやり取りされるわりにはじつはライセンスの根拠はあやふやです。他方、商品化の場合には、根拠となる権利は比較的はっきりしていて、主に商標権や個人の肖像

権（パブリシティ権）です。キャラクターが登場したり、ライブイベントの1シーンが商品に使われる場合には著作権も問題になります。こうしたさまざまな権利すべてを、いつでも主催団体が統一的に管理しているとは限らないので注意が必要です。

　いずれにしても、「何はともあれ主催団体に高額のお金を払った」というだけではなく、どのような権利に基づいて誰の許可を得て何をするのか、根拠が明確でなければ思わぬリスクを抱え込むことにもなります。

2 ライブイベント・ビジネスをめぐる最近の動向

ライブイベントとデジタルの融合

 常態化したライブイベントのネット配信

　前述したとおり、ライブイベントと配信などデジタル展開との連動は21世紀の大きな潮流です。

　かつてはブロードウェイなどの舞台関係者は、公演舞台のテレビ中継やネット配信に懐疑的でした。それは舞台を無料で見せてしまっては、劇場に足を運ぶ人が減ってしまうと恐れたからです。とくに米国の俳優ユニオンなどはいわゆる「機械的失業」（技術の発達で人間の仕事が減ること）を恐れ、中継には反対だったといわれます。

　しかしこうした状況は大きく変わりました。いまやコンサートや舞台のテレビ中継は当たり前の事態であり、「Summer Sonic」「Rock In Japan」などの巨大フェスも例年長時間にわたって中継されます。それによってフェスの来場者が減るかといえば、おそらく逆でしょう。多くの人々はテレビやネットでライブ映像を見たからといって、現場に行かなくてもよいとは思いません。むしろ、もっと行きたくなるだけであることは、プロ野球中継が国民的娯楽だった日本ではとうに明らかなことだったかもしれません。

　前述したとおり、スポーツや人気アーティストのライブを皮切りに、こうしたライブイベントの中継の主役はテレビ・ラジオから各種の配信プラットフォームに移りつつあります。2022年、BTSが韓国で2年半ぶりに行った3回の有観客ライブは同時配信で世界中のユーザーや映画館でのライブビューに届けられ、246万人の視聴と100億円を超えるといわれる収益を稼ぎ出しました。「バーチャルツアー」の時代の到来を、強く印象づける事件です。

　前述のブロードウェイですら、2015年に「ブロードウェイHD」を17の

業界団体の協力で立ち上げ、いまや人気ミュージカル舞台は世界中で配信で楽しめる時代です。2020年のコロナ禍では、劇場に通えなくなったファンたちのために、メトロポリタンオペラやベルリンフィルのような世界の有数の舞台芸術団体が、高画質・高音質の過去の舞台映像を配信で届けました。その先駆けといえるのが、各国の映画館などへの舞台配信・ライブビューで世界を牽引する英国 National Theatre Live（NTL）でしょう。

日本の現状とデジタルアーカイブの挑戦

　他方、日本でももちろん、松竹のシネマ歌舞伎や2.5次元ミュージカルなど、舞台映像化の先進的事例はありました。しかし概していえば、コロナ禍での過去のライブイベントの配信は低調だったといえるでしょう。理由はシンプルで、配信に適するほどの画質・音質の過去の映像もなければ、仮にあったとしても、配信できるような権利処理がされていなかったからです。

　過去の貴重な公演映像の多くは、一部がDVD化や放送されたあとは倉庫でホコリをかぶっており、かかわったスタッフ（権利者）たちや利用された音源の記録すらまともに残っていないケースが多数で、無論、一部欧米の例のような二次展開のための契約が整備されてもいませんでした。

　こうしたなか、過去のライブイベントの貴重な映像などを散逸から守り、収集して権利処理のうえで公開可能にしようという「**デジタルアーカイブ**」の活動が活発化しています。

　例えば筆者（福井）もかかわった「緊急舞台芸術アーカイブ＋デジタルシアター化支援事業（EPAD）」は、コロナ禍で危機に陥った現場への支援と、まったく進んでこなかった舞台のデジタルアーカイブを両立させるべく、文化庁の支援を得て2020年、約1300本の舞台映像などを収集して早稲田大学演劇博物館に所蔵・資料公開し、同時に弁護士など専従チームが権利処理を行って約300本をU-NEXTや新設のシアターコンプレックスなどの配信チャンネルで商用配信しました。うち50本は国際交流基金との協働で6か国語の字幕を付してYouTubeで無料公開し、海外を中心に1年弱で1000万回以上の視聴という、この種の事業としては異例の成功を収めています。その後も、2022年には舞台映像400本以上を収集し、また戯曲の無料ダウンロード化

など、関連する事業が続いています。

　ほかにも音楽・ダンス・舞踏・古典芸能など価値あるライブイベントのデジタルアーカイブ事業は多く存在し、それらは先人たちの生きた証を未来と世界に伝える文化遺産であると同時に、今後の定額制（サブスクリプション）あるいは無料・広告モデルでの配信ビジネスの資源になり得るものです。

ユーザー発信のメインストリーム化

　このような、従来型のライブイベントの配信と並んで、新たなライブとデジタルの融合が 2010 年代は主役になりました。**ユーザー発信**です。日本での先駆けは、ユーザーが既製曲を自ら歌ったり演奏したり、独自の振付で踊る「歌ってみた」「演奏してみた」「踊ってみた」動画の投稿が、急成長期のニコニコ動画で一斉に花開いたことでしょう。

　その後、舞台は YouTube はじめ多くの動画サイトへと拡散し、YouTuber の人気が世界を席巻します。さらに VTuber など無数の「**ライバー**」たちが、日常的に配信を行い他のユーザーたちと自由につながるのが現在といえるでしょう。こうした万人による日常的なライブ発信は、**UGC**（User Generated Contents）と呼ばれるユーザー発のコンテンツの主流であり、新たな一大ライブイベントのジャンルの誕生とも呼べるものでしょう。

　こうしたイベントの配信・ライバーたちの発信は、テレビやラジオ中継と同様に、しばしば他人の著作物や実演の利用を伴います。それは中心的には「**複製権（録音・録画権）**」や「**公衆送信権（送信可能化権）**」（➡ p.66「著作権・著作者人格権とは何か②」、p.68「同③」および p.84「著作隣接権とは何か②」参照）にかかわる行為で、基本的には権利者の許可がなければ行うことはできません。ライブイベントにはしばしば非常に多くの権利者がかかわるため、こうした権利処理は手間のかかる作業で、ときにはその人的・物的コストのためにライブ中継やアーカイブ配信が断念されることもあります。

　ではなぜ、YouTube やニコニコ動画上の「歌ってみた」や「演奏してみた」はここまで隆盛しているのでしょうか。それらは既存曲の複製や公衆送信を伴うため、一般ユーザーにとって権利処理は容易ではないはずです。じつは、そこには JASRAC（一般社団法人日本音楽著作権協会）などの権利者団体

と動画サイトとの間の包括的利用許諾契約があり、ユーザーが既存曲を自ら演奏したりアカペラで歌う動画のアップロードは一括して許可されたことが、これらのユーザー投稿動画の隆盛を支えています（➡ p.211「沸き立つバーチャルライブ、ライブビュー、デジタルアーカイブと著作権」参照）。

　しかし、こうした包括処理が可能なのは音楽著作権など権利の集中管理が進んだ一部のジャンルであり、配信や投稿のための権利処理の知識は、いまやすべてのユーザーにとっても必須のものとなりつつあります。

2 ライブイベント・ビジネスをめぐる最近の動向
コロナ禍、官民連携の役割増大と、契約への脚光

 コロナ禍の壊滅的な被害と政府支援

2020年に世界を襲ったコロナ禍は、文字どおり世界のライブイベント界を壊滅的な状態に追い込みました。海外でも多くの劇場・ホールの閉鎖、前述のシルク・ドゥ・ソレイユの大型倒産に代表される事態が続くなか、わが国でも、2020年2月26日の政府の突然のイベント自粛要請と、それに続く風評被害によって、ライブイベントは前年比82%減少という各産業中でもおそらく最大の被害をこうむり、2021年まででの売上減少はじつに約1兆円と推計されています（ぴあ総研調べ）。

本書改訂時でも、いまだにコロナ禍第8波は続いており、完全収束は見通せていません。加えて、これに端を発し、また社会意識や地球環境の変化により、おそらく今後はライブイベント界はインフルエンザなど既知・未知の他の感染症の影響も、より強く受けざるを得ないように思われます。

それは各イベントの現場に意識や行動の変化を求めるとともに、ライブイベント界での各国政府や自治体のプレゼンスを否が応でも高めることになりました。

前述のイベント自粛要請は、感染症予防法に基づく緊急事態宣言下でのイベント開催制限やさまざまな行動制限・隔離措置として、ライブイベントの開催への直接的な政府規制となって拡大しました。そのなかには、水際での入国制限のように世界的に意味がないと批判される措置もあり、また、多くのライブイベントの現場では徹底した感染対策によって客席でのクラスターを抑え込んでいたにもかかわらず政府の安全宣言まで1年近くを要するなど、現場の実情の反映に課題を残しました。

他方、文化庁と獨協大学の共同調査では、壊滅の危機に瀕した文化芸術産

業のために先進各国の政府や自治体はこの間、空前と呼べる規模の金銭支援やデジタル化等多角化の支援を積極的に展開しました。

わが国でも、経済産業省による J-LODlive 補助金（当初名称）や Go To イベント（現イベント割）、文化庁による ARTS for the future!（AFF）やアートキャラバンを代表格に、総額 5000 億円ともいわれる前例のない支援が展開されました。それらは、ライブイベント産業にとって生命線ともいえる貴重な支援でしたが、同時に、現場の実情に即さない複雑すぎる手続、それによる支援の遅れなどの課題も指摘されるところになりました。

業界ネットワークの活発化と官民連携

以上の危機的事態に直面し、ライブイベントの現場では業界の声を集約し、政府に実情を届けるとともにあるべき規制や支援の形を協議する動きが活発化しました。すでに存在していた音楽系の業界団体（音事協・音制連・ACPC）や芸団協、その傘下団体のほか、舞台界では**緊急事態舞台芸術ネットワーク**が明治以来といわれる約 250 の主要団体により組織され、また、音楽・演劇・映像をつなぐ連帯である #SaveOurSpace、#WeNeedCulture のような活動が生まれ、活発な現場支援とアピールを展開しました。

筆者（福井）は緊急事態舞台芸術ネットワークに常任理事として加わりましたが、同団体を例にとれば、開催規制や水際措置の合理的な緩和、支援制度の拡充と運用改善などを求める首相をはじめ政府各部署、関連の議員連盟や協力議員との交渉・協議は大小優に 100 回に達しました。そのほか、被害額の調査、支援の申請に関する現場支援、医療センターの立ち上げ、開催基準の内部協議、前述のアーカイブ事業 EPAD（➡ p.50）や合同での公演開催など、まさに業界が政府とも連携し、内部で支え合って乗り越えた（乗り越えつつある）コロナ禍であったと思います。

今後も、前述のようなリスクに過敏とならざるを得ない世界において、ライブイベントが産業として進化し存続し、人々に力を与え続けるためには、現場の実情を把握し、ニーズを集約して説得的に政府・自治体に伝え、ときにはそれと対峙し、ときには協働してあるべき支援や規制の姿をつくり出していく業界団体の活動は、鍵になるように思います。

フリーランス経済の拡大と契約の重要性

同時にコロナ禍や変わりゆく世界は、ライブイベントに従事する各プレーヤーの関係性にも急速な変化をもたらしています。相次ぐハラスメント被害の告発もきっかけとなり、また、フリーランスの活動が社会の担い手として大きくなるにつれて、個人間の関係を規律する契約や、権利・契約に関する知識を学ぶ場の重要性が高まっています。

文化庁は2022年、「文化芸術分野の適正な契約関係構築に向けた検討会議」報告書とともに、ライブイベントを中心としたスタッフ・実演家の契約ガイドラインを公表しました★6。そこでは、権利の取り決めについても緩やかな指針が示されており、本稿校正中に国会で成立した**フリーランス新法**（特定受託事業者に係る取引の適正化等に関する法律）とともに、今後は権利のありようも含めた契約実務の重要性はいっそう高まることが予想されます。

★6　文化庁ホームページ「芸術家等実務研修会の実施」にて、同報告書・ガイドラインとともに、2023年にかけて文化庁支援で行われた劇場・音楽堂向け、舞台技術スタッフ向け、実演家等向け、舞台制作者向けの、各契約実務の入門動画やガイドブックにアクセスすることができます。

II

ライブイベント・ビジネスの著作権
【必須知識編】

著作物とは何か❶

著作物の例

　この章では、ライブイベントと関係の深い、「**著作権**」「**著作者人格権**」「**著作隣接権**」などの権利を紹介します。これらはすべて**著作権法**という法律で定められた権利です。このうち**著作権**と**著作者人格権**の対象となるものを**著作物**といいます。

　著作権法上、次の九つのタイプが**著作物の例**としてあげられています。

①小説、脚本、論文、講演その他の言語の著作物

②音楽の著作物

③舞踊又は無言劇の著作物

④絵画、版画、彫刻その他の美術の著作物

⑤建築の著作物

⑥地図又は学術的な性質を有する図画、図表、模型その他の図形の著作物

⑦映画の著作物

⑧写真の著作物

⑨（コンピューター）プログラムの著作物

　これらはあくまでも例であり、著作物はこの九つのタイプに限られるわけではありません。

　ミュージカル『レ・ミゼラブル』を例にとってみると、19世紀に書かれたヴィクトル・ユーゴーの原作小説は言語の著作物になり、それをもとにミュージカル化された『夢破れて（I Dreamed a Dream）』や『民衆の歌（Do You Hear the People Sing? (The People's Song))』などの曲は音楽の著作物になります。ミュージカルの舞台で用いられた大道具などのデザインは美術の著作物になり、劇中で繰り広げられるダンスなどは舞踊の著作物になります。また、

2012 年に封切られた同ミュージカルの映画版は全世界でヒットし、フォンティーヌ役を演じたアン・ハサウェイがアカデミー助演女優賞を受賞しました。この映画は、全体として映画の著作物になります。

このように、映像作品の場合は、全体が（全体も）一つの著作物を構成するのに対し、演劇やミュージカルの場合には、公演全体が一つの著作物になるわけではなく、それを構成する個々の脚本、音楽、舞台美術などが著作物であるのみと考えられてきました（➡ p.126 ～ 130「演出家①・②」参照）。

なお、ミュージカル出演者の歌唱や演技などは、著作権法上は実演といって著作隣接権（➡ p.82 ～ 87「著作隣接権とは何か①〜③」参照）で保護されます。

二次的著作物

例えばクラシック音楽をジャズにアレンジしたもの、小説を脚本にしたもの、コンサートを映画化したものなど、すでに存在する著作物に新たな創作行為を加えて作成された著作物を**二次的著作物**といい、元となった著作物（**原著作物**）とは別の著作物として保護されます。著作権法では、二次的著作物とは、「著作物を**翻訳**し、**編曲**し、**変形**し、又は脚色・映画化、その他**翻案**することにより創作した著作物」と定義されています。

原著作物の著作者は、自分の著作物をもとに二次的著作物を創作することに関してはもちろん、その結果として創作された二次的著作物を第三者が利用することに関しても、許諾するかしないかを決めることができます。したがって、二次的著作物を利用しようとする人は、**二次的著作物の著作者**のほか、**原著作物の著作者**の許諾も得なければなりません。

例えば、ある脚本を利用してテーマパークのアトラクションを催そうとするケースで、脚本の原作小説が存在し、脚本家と小説家が別人の場合、脚本家のほかに原作小説の作者の許諾も得る必要があります。原作が外国小説の翻訳本であるとすると、さらに、翻訳者の許諾も必要です。

このように、著作権では複数の人の権利が重ねてかかわってくる場合があるため、利用のための手続（**権利処理**などともいいます）が複雑になることがあります。

著作物とは何か❷
──著作物の定義 (1)

　著作権法は、前項で説明した**著作物の例**とは別に、**著作物の定義**をおいています。前項「著作物とは何か①」であげた九つの例のいずれかのタイプに当てはまる場合でも、著作物の定義に該当しなければ著作物とは認められません（逆にどの例に当てはまらなくても、定義にさえ該当すれば著作物です）。その定義によれば、「〔著作物とは、〕思想又は感情を創作的に表現したものであって、文芸、学術、美術又は音楽の範囲に属するもの」（2条1項1号）とされています。この定義を分解すると、著作物と認められるためには、

①思想または感情を
②創作的に
③表現したもの
④文芸、学術、美術または音楽の範囲に属するもの
であることが必要です。

　以下、それぞれの意味を説明します。

 思想・感情──著作物の定義①

　まず、著作物であるためには、「**思想又は感情**」を表明したものでないといけません。著作者の精神的活動の表現であることが必要です。このことから、思想・感情とはかかわりのない単なるデータや歴史的事実は除かれることになります。したがって、過去のコンサートの観客動員数であるとか、入場料金、売上などのデータを単に表記しただけの文書は、著作物には該当しないことになります。ただし、歴史的事実を扱った物語でも、どの事実を拾い上げ、その部分にどのように光をあてて描写するかを通じて作者の思想・感情が表現されている場合には、立派な著作物です。例えば実在したアルゼンチン元大統領夫人の半生をモデルにしたミュージカル『エビータ』や、ヘ

レン・ケラーをモデルにした『奇跡の人』は立派な著作物です。

創作性──著作物の定義②

　次に、著作物であるためには「**創作的**」でなければいけません。ありふれた表現や、他人の作品を忠実にまねしただけの作品では著作物とは認められず、オリジナリティ（独自性）が必要です。例えば、他人の創作したダンスを忠実に模倣しただけのダンスだと、いかにその実演の技術や表現力が高くても、新たな著作物としての権利は認められません。

　ただし、創作行為は、先人の文化的所産から学んだことや経験を踏まえて行われるのが通常ですから、著作物と認められるために必要なオリジナリティはさほど高度なものでなくてもよいとされており、表現が他人の模倣ではなく、その人なりの個性が表れていればよいと考えられています。よく、幼稚園児が描いた絵などでも創作性が認められるといわれます。著作物としての創作性が認められるか否かという問題と、実際にそれがマーケットで価値をもつかという問題とは別問題なのです。

　創作性は高度なものでなくてもよいとはいえ、**タイトル**（題号）や作中の名称などは一般にごく短いため、著作物とは認められないと考えられています。

　演劇や音楽のタイトルを決めるにあたっては、少ない文字数で作品の内容を的確に反映し、同時に人々の印象に残るものにすることが重要です。創意工夫が求められます。しかし、短い単語の組み合わせなどを著作物と認めてしまうと、その言葉に長期間の独占権が生じてしまい、他の人の自由な活動を不当に制約するおそれがあります。それを避ける観点から、一般的に作品のタイトルなどごく短い表現には創作性は認められにくいと考えられています。

　ただし、これは「演劇や音楽などの作品タイトルが単体では守られない」という意味です。タイトルも、作品という著作物の一部としては著作権や著作者人格権（同一性保持権など）が及びます。したがって、例えば勝手に他人の作品のタイトルを変更することはできません（→ p.71「著作権・著作者人格権とは何か④」参照）。

著作物とは何か❸
──著作物の定義 (2)

　前項では、著作物の定義として、①思想・感情、②創作性を説明しましたが、ここでは残りの二つの点（③表現されていること、④文芸、学術、美術または音楽の範囲に属するもの）について説明します。

🎤 表現されていること──著作物の定義③

　著作物と認められるためには、「**表現したもの**」であることが必要です。したがって、頭の中にあるだけで外部に表明されていない**アイディア**は著作物にあたりません。文章などによって外部に表明されていても、文章の背後にあるアイディアそれ自体は著作物ではありません。例えば、三谷幸喜風のコメディ、タカラヅカ風の豪華なレビューなどといった**作風**はアイディアのレベルにとどまるもので、それ自体は著作物には該当しません。したがって、これらの〇〇風という作風を模倣しただけで、作品としては新たな筋書きのドラマやミュージカルであると認められる場合には、他人の著作権の侵害には該当しません。もっともその場合でも、単なる作風の模倣のレベルを超え、具体的な作品（表現）の模倣にまで該当すると著作権侵害になります。

　このようにアイディアと表現とを二分し、表現だけに著作権の保護が及ぶとする考え方は、世界共通といってもよいでしょう。もっとも、どこまでがアイディアの模倣で、どこからが具体的な表現の模倣であるかの判断は、実際にはなかなか容易ではなく、個別具体的な事案に応じた検討が必要です。

　著作権法で保護されるのは表現であって、アイディアや理論、思想ではないことから、あるアイディアや理論、思想などを表現するための言い回しが同じか類似したものにならざるを得ない場合には、その言い回しは著作物として保護されません。もし、その言い回しが誰かの著作物として保護されると、他の人が同じアイディアや理論、思想を表明できなくなってしまい、結

局はアイディアや理論、思想自体の独占を認めたに等しくなってしまうからです。実際の事件では、学問の分野における事例になりますが、自分が考えた「城」の定義を他人が使ったとして裁判になった事案で、裁判所は、「城」の定義に創作性があったとしても、それは学問的な思想自体の創作性であって、同じ思想をもつ者が「城」を定義する場合、表現は同一類似にならざるを得ない（から表現自体には創作性はない）として著作物性を否定した例などがあります。

　また、著作物の定義では、「表現したもの」であることが要求されていますが、作品が形のある物に固定されている必要はなく、アドリブの演奏や演劇など無形的な表現であっても著作物になります（なお、映画の著作物の場合には、例外的にフィルムなどへの記録が必要とされています）。もっとも、録音、録画などにより、何らかの形で固定・保存されていないと、他人に模倣された場合に、自分の著作物をまねされたということを後日証明することが困難であると考えられます。しかし、それは証明の問題であって、著作物として認められるか否かとは別のことです。

🖋 文芸、学術、美術または音楽の範囲に属するもの──著作物の定義④

　最後に、著作物であるためには「文芸、学術、美術又は音楽の範囲に属するもの」であることが条文上必要とされています。しかしながら、このジャンル分けはそれほど厳密にはとらえられておらず、広く知的・文化的な範囲に含まれていればよいという程度に考えられています。実際、先にあげたように、著作権法自体が著作物の例としてあげているなかには、地図やコンピューター・プログラムなどが含まれていますが、これらが文芸・学術・美術・音楽のいずれであるかを確定することは難しい場合があるでしょう。

　ただしこの条件により、家具など実用品のデザインのなかには著作物に含まれないものが出てきます（➡ p.138「舞台美術家③」参照）。

著作権・著作者人格権とは何か❶
── 著作権（1）

著作権とは

　音楽、戯曲、振付などの作品が著作物と認められる場合、著作権法により、その著作物には**著作権**が発生します。それらの作品を創作した人（著作者）には、著作権と著作者人格権が認められます。このうち著作権（狭義の著作権）は、著作物の利用に関する財産的な権利をいいます。著作権は、次ページの一覧表に記載されているように、さまざまな権利から構成されています。

　クラシック音楽を例に説明すると、音楽の楽譜をオーケストラのメンバーに配布するためにコピーする行為は「複製権」の問題になり、その音楽を演目にコンサートを開催すれば「演奏権」の問題になります。コンサートを録音したメディアをダビングする行為も「複製権」の問題です。さらに、そのコンサートをビデオで撮影しておきネットにアップすれば「公衆送信権」の問題になりますし、クラシック音楽をジャズにアレンジして利用すれば「編曲権」の問題になります。

　それぞれの権利については、「著作権・著作者人格権とは何か②・③」（➡ p.66 ～ 70）で個別に説明しますが、著作権は、このように伝達されるメディアや方法などに応じて、異なる複数の権利から成り立っているため、著作権は「**権利の束**」であるといわれることがあります。また、著作権を構成する複製権その他の個々の権利を「**支分権**」ということがあります。

　著作権者は、これらの権利の対象となる行為を独占的に行うことができ、原則として、他者が無断で利用しようとした場合には、それを禁止することができます。それゆえ、著作権は**禁止権**といわれることがあります。権利者の許可なしに著作物が「複製」されそうな場合、著作権者は、「複製権」に基づいて複製の禁止を求めることができ、権利者に無断で著作物が「演奏」

表3│著作権（著作財産権）

権利の種類	該当する行為の例
複製権（21 条）	楽譜をコピー機で複写する。
上演権及び演奏権（22 条）	脚本を劇場で上演する。 音楽をライブハウスで演奏する。
上映権（22 条の2）	映画を映画館で上映する。
公衆送信権（23 条）	テレビ番組を動画投稿サービスにアップロードする。
口述権（24 条）	脚本を朗読会で朗読する。
展示権（25 条）	絵画を美術展で展示する。
頒布権（26 条）	映画の上映用プリントを映画館に配布する。
譲渡権（26 条の2）	書籍化した小説を書店で販売する。
貸与権（26 条の3）	音楽CDをレンタルショップで貸し出す。
翻訳権、編曲権、翻案権等 （27 条）	英語脚本を日本語訳する。 クラシック音楽をジャズにアレンジする。 小説を原作として脚本化する。
二次的著作物の利用権 （28 条）	小説を舞台化した作品をテレビで放送する。（テレビ放送につき、原作である小説の作者に発生する権利）

されそうな場合、著作権者は「演奏権」に基づいて演奏の差止を求めることができます。

著作権・著作者人格権とは何か❷
—— 著作権 (2)

　著作権は、前項で示した一覧表に記載されているさまざまな権利から成り立っています。ここでは、それぞれの権利について個別に説明しましょう。

■ 複製権

　複製権とは、他人が自分の著作物を勝手に複製（コピー）することを禁止できる権利です。**複製**は、著作権法で「印刷、写真、複写、録音、録画その他の方法により有形的に再製すること」と定義されています。つまり、形のあるものに固定することをいいます。コピー機で文書などをコピーするだけでなく、音楽 CD を CD‑R にダビングすることや、テレビ放送を HDD レコーダーに録画することなども含みます。ただし、複製を私的に行う場合には、著作権侵害にはならないことがあります（➡ p.95「制限規定とは何か②」参照）。

■ 上演権、演奏権

　上演権とは、自分が創作した脚本や振付などを、他人が許可なく公に上演することを禁止できる権利で、**演奏権**とは、自分が創作した音楽を他人が許可なく公に演奏することを禁止できる権利です。

　ここでは、複製権のときにはなかった「公に」という条件がついています。「公に」とは、「公衆に直接見せ又は聞かせることを目的として」いることで、「公衆」とは**不特定**または**多数**の人という意味です。

　また、特定でも多数の人の前で演奏すれば該当します。この場合に何人であれば多数といえるかの明確なルールはないのですが、数十人を超えればおおむね多数と考えてよいでしょう。「ある会社の従業員」といえば「特定」されていますが、従業員が 100 名いる会社で全従業員を前に歌を歌えば、「多数」にあたるので「公に」演奏したことになります。

　複製の場合には、有形的にコピーを作るので、コピーされた著作物が後に残るのに対し、上演や演奏はその場限りのもので後には残りません。そのた

め、誰かが勝手にこれらの行為を行った場合でも、権利侵害の度合いが異なると考えられ、複製権のときにはなかった「公に」という限定が上演や演奏のときにはついています。

複製権が、すべての複製を原則として禁止したうえで、私的複製は例外的に違反にならない行為に位置づけているのに対し、上演権・演奏権については、例えば自宅の風呂で鼻歌を歌う場合のように、私的に行った場合には、そもそも著作権法上の上演や演奏にはあたらないのです。

上演・演奏は、生演奏の場合に限られず、**ダウンロードした音源などを再生する行為**なども含みます。

著作権者は上演権・演奏権をもっているとはいっても、第三者が勝手に上演や演奏をした場合、後に証拠が残りづらいため、実際には個々の著作権者が把握することは困難です。そのため、例えば音楽著作権については、個々の作曲家、作詞家は、JASRAC（一般社団法人日本音楽著作権協会）などに利用許諾や違反の監視を代わって行ってもらっています（➡ p.178「ライブイベントにおける音楽の利用①」参照）。

なお、「公に」上演・演奏する場合でも、営利目的がなく、観衆から料金をとらず、実演家などに報酬を支払わない場合には、上演権・演奏権ははたらかず、著作権者の許諾がなくても自由に行うことができます（➡ p.97 ～ 98 参照）。

■上映権

上映権とは、自分の著作物を、第三者が勝手にスクリーンやディスプレイ画面などに映写することにより公衆に見せることを禁止できる権利です。かつては映画の著作物についてのみ認められていたのですが、いわゆるマルチメディアが進展し、写真や音楽などのあらゆる著作物が上映の形で提供されるようになってきたことから、1999 年の著作権法改正から、著作物の種類に限定はなくなりました。映画館における上映だけでなく、例えば、飲食店にモニターを置いて客に DVD 映像などを見せれば**公の上映**にあたります。なお、営利目的がなく、観衆から料金をとらない場合には、著作権者の許諾がなくても自由に行うことができます（➡ p.97 ～ 98 参照）。

著作権・著作者人格権とは何か❸
──著作権 (3)

個々の著作権の説明を続けます。

■ 公衆送信権等

公衆送信とは、テレビやラジオなどの放送や、ケーブルテレビなどの**有線放送、インターネット、モバイルによる配信**などで、公衆（➡ p.66）に向けて無線または有線で送信することをいいます。ネットに接続されたサーバーに情報をアップロードし、誰もがインターネットでその情報にアクセスできるようにすることを**送信可能化**といい、それも公衆送信に含まれます。したがって、他人が撮影した写真などの著作物を自分のホームページに勝手に掲載する行為は、まずサーバーに蓄積する点で複製権の侵害となり、さらに送信可能化する点で**公衆送信権の侵害**になります。インターネットは誰でもアクセス可能なので、私的複製のような理屈で合法になるわけではありません。ニコニコ動画などの動画投稿サイトへのアップロードも同様です。

他人の曲を歌ったり演奏したりしてアップする「歌ってみた」「演奏してみた」は、演奏権の問題ではなく、この公衆送信権の問題です。

公衆送信権と同じ条文に規定されている権利に「**公衆伝達権**」があります。「公衆伝達権」とは、公衆送信される著作物を受信し、それを受信装置で公に伝達することです。喫茶店などにテレビを置いてテレビ放送を受信し、客に見せる行為は「伝達」にあたります。テレビ放送をリアルタイムで見せる行為が「公衆伝達権」の対象になり、いったん録画したものを見せれば上映権の対象となります。いずれであるかによって適用される権利制限規定が異なってくるため、区別をする必要があります。

■ 口述権

口述権は、他人が勝手に、公衆に向けて自分の言語の著作物を朗読などする行為を禁止できる権利です。例えば、書店で集客を目的として、著作権者

に無断で、お客さんの子どもたちを集めて絵本の朗読会をすると口述権の侵害になります。小説や詩などの言語の著作物にのみ認められるので、例えば、写真作品の内容を言葉で描写して観客に伝えたとしても口述権の侵害にはなりません。

「歌ってみた」「演奏してみた」と同様に、朗読の様子を配信することは公衆送信権の問題であり、会場に観客がいない限り口述権とはかかわりません。

■ 展示権

展示権は、絵画や版画、彫刻などの美術の著作物、未発行の写真の著作物について、他人が勝手に公衆に見せるために展示することを禁止できる権利です。この権利は原作品（オリジナル）にのみはたらきます。複製物にははたらきませんから、例えば複製画を喫茶店の壁に飾っても展示権の問題にはなりません。

■ 頒布権

頒布権は、**映画の著作物**の複製物について、他人が勝手に販売したり、レンタルしたりすることを禁止できる権利です。映画の著作物についてのみ認められますが、映画館上映用にフィルムを提供すること（配給）はこれに含まれますし、DVDやブルーレイの販売やレンタルについても権利は及びます。なお、著作権法でいう「映画の著作物」は、劇場用の映画だけに限られず、テレビ番組やコンピューターゲームなど広く動画が含まれます。

■ 譲渡権

譲渡権とは、自分の著作物（その複製物を含みます）を、他人が勝手に譲渡により公衆に提供することを禁止できる権利です。映画の著作物については頒布権が認められているので、それ以外の著作物に生じます。著作権者が自分の著作物をいったん他人（例えば卸売店）に譲渡したり、譲渡を許諾した場合には、その後の譲渡（例えば卸売店から小売店への譲渡や、購入後の商品の転売）には権利が及びません。このように、1回の譲渡（ファースト・セール）で権利が消えてしまうことを「消尽」といいます。

■ 貸与権

貸与権とは、自分の著作物の複製物を他人が勝手に公衆に対してレンタルする行為を禁止できる権利です。映画の著作物には頒布権が認められている

ので、それ以外の著作物に生じます。

■ 翻訳権、翻案権等

　翻訳権は、自分の著作物を他人が勝手に他国の言語に変えることを禁止できる権利です。**翻案**とは、小説を原作として脚本や映画をつくるなど元の作品に新たな創作を加えて別な著作物をつくることをいいます（原著作物の具体的表現に変更を加えた新たな創作物で、原著作物の表現上の本質的特徴を直接感得させるものであれば、裁判上も翻案と判断される傾向があります）。著作権者は、**編曲**（原曲にアレンジを加える行為）、**変形**（マンガキャラクターのぬいぐるみをつくるなど形状を変える行為）についても禁止権をもっており、これらの行為の総称として「翻案」と呼ぶ場合もあります。複製が後述する私的複製（➡ p.95「制限規定とは何か②」参照）として認められる場合には、同様に翻訳や翻案も認められます。

■ 二次的著作物の利用権

　例えば、オリジナルのクラシック音楽をジャズにアレンジした場合、クラシック音楽を**原著作物**といい、それをジャズにアレンジした曲を**二次的著作物**といいます。元の作曲家とアレンジした人（編曲者）が異なる場合、アレンジされたジャズ版を利用しようとする人は、編曲者のみならず、オリジナルのクラシック音楽の作曲家の許諾も得る必要があります。

　このように、二次的著作物に対しても原著作物の著作者の権利が及ぶのが、「**二次的著作物の利用権**」です。

1 ライブイベント・ビジネスにかかわる著作権

著作権・著作者人格権とは何か❹
──著作者人格権

 著作者人格権とは

「著作物とは何か②」において、著作物であるためには「思想・感情」を表現したものであることが必要と説明しました（➡ p.60）。このように、著作物は、ある人の思想・感情を表現したものであるため、表現者の人格と深く結びついており、人格そのものであるとさえいえる場合もあります。著作権法上も、著作者の人格に配慮して、**著作者人格権**という権利をおいています。いわゆる知的財産権といわれる権利には、前述した著作権のほか、特許権、実用新案権、意匠権、商標権などがあります。これらのうち著作権以外の権利は、**産業財産権**といわれるように産業的利益一般との関連性が強く、権利者の人格との結びつきは著作権の場合ほど強くありません。それゆえ、著作権とは異なり人格権は認められていません。

著作者人格権は、著作権と同じように一つの権利ではなく、「**公表権**」、「**氏名表示権**」、「**同一性保持権**」という三つの権利の総称です。

■公表権

公表権とは、著作物を公表するか否か、公表する場合にいつ、どのような方法で公表するかを決めることができる権利です。公表権は、著作者の同意に基づいて一度公表された著作物については認められません。

■氏名表示権

氏名表示権とは、著作物が公表される場合に、著作者の氏名を表示するか否か、表示する場合にどのような名義で表示するか（芸名、本名など）を決定する権利です。ライブイベントの場合には、例えば会場で配布・販売されるパンフレットに自己の指定する名称（クレジット）を表示してもらう権利です。

表4｜著作者人格権

人格権の種類	該当する行為の例
公表権（18 条）	新曲を発表する。
氏名表示権（19 条）	作曲した曲の作曲家として自分の氏名を表示してもらう。あるいはペンネームを表示してもらう。
同一性保持権（20 条）	創作した脚本を変更せずにそのまま演じてもらう。

■ 同一性保持権

　同一性保持権とは、著作者の意に反した作品の改変を受けない権利をいいます。例えば、脚本家に無断で、上演時間の都合によって脚本の一部をカットしたり、性や暴力に関するシーンをカットしたりすることが同一性保持権の侵害になり得ます。

　なお、著作物のタイトル（法律上は**題号**といいます）自体は著作物とは認められない場合が多いのですが（➡ p.61）、著作者の意に反してタイトルを改変する行為は同一性保持権の侵害に該当します。例えば、自分が新しく創作したダンス作品に、既存の作品と同一のタイトルをつけても著作権侵害にはならない場合が多いでしょうが、他方、既存の作品自体を再演するにあたって、その作品のタイトルを勝手に変えてしまうと同一性保持権を侵害することになります。

　「著作者と著作権者②」（➡ p.78）で説明しますが、会社などの法人も著作者になることがあります。人格権というと個人（自然人）のみがもつ権利のような気がするかもしれませんが、法人も著作者人格権をもつと考えられています。

🔧 著作権との違い

　著作権も著作者人格権も、著作物の利用について著作者に認められる権利である点は共通しますが、著作権は財産的権利であるのに対し、著作者人格権は人格的な権利です。このため、著作権は、他人に譲渡でき、相続の対象にもなります。他方、人格権は個人の人格と深く結びついているため、譲渡できず、著作者が死亡しても相続されません（このことを**一身専属性**といい

ます）。もっとも、著作権法の規定により、著作者の死後も、著作者人格権の侵害となるような行為をすることは禁じられているので注意が必要です（➡ p.103「死後の保護と保護期間②」参照）。

　著作権を譲渡する契約を締結する場合でも、著作権と著作者人格権にはこのような性質の違いがあるため、著作者人格権は著作権と一緒には譲渡できず、著作権の譲渡人（売主）の元に残ります。そのため、実務では著作権の譲渡を受ける場合などに、著作者人格権が行使されないようにするために、著作者人格権を行使しないという内容の条項を記載する例もあります（➡著作者と著作権者の区別については p.76「著作者と著作権者①」参照）。

著作権はどのような条件で守られるか

✎「無方式主義」という原則

　知的財産権といわれる権利のなかには、前項で述べたように著作権のほか、特許権、実用新案権、意匠権、商標権などがあります。このうち著作権以外の権利、すなわち、発明を保護する**特許権**、考案（発明は高度なものである必要があるが、考案は高度なものである必要がない）を保護する**実用新案権**、物品のデザインを保護する**意匠権**、営業や商品に関するマーク等を保護する**商標権**などの権利については、権利発生のために特許庁に登録することが必要です。例えば、特許権の場合、特許として保護するに値する発明であるか否かを特許庁が審査します。そして、特許の出願が、特許庁の審査にパスしたときに初めて登録がされ、特許権が発生することになります。他方、著作権では、そのような登録手続は一切必要なく、著作物の創作という事実があれば、その時点から著作権という権利が発生します。このように、権利の発生に何らの登録手続などを必要としないことを**無方式主義**といい、他方、特許のように登録などの手続を必要とすることを**方式主義**といいます。

　無方式主義は、世界の大多数の国が加盟している**ベルヌ条約**という著作権条約（⇒ p.110「著作権の国際的保護①」参照）が採用している大原則の一つです。無方式主義のもとでは、権利の取得は簡単です（著作物を単に創作すればたります）。しかし、そのことに伴う問題もあります。特許権のような方式主義の場合であれば、誰が権利者で、いつ権利が発生したのかを、登録さえ調べれば容易に知ることができるのに対し、著作権のように無方式主義のもとでは、その点を第三者が確認することは容易ではありません。また、著作物を創作した著作者自身も、自分が著作者であることや、どの時点で創作したかなどを、証明することが難しい場合が生じてきます。

🎤 ©表示の意味と役割

公演のプログラムや CD のジャケット等で、「©○○株式会社 2023 年」といった記載を見たことがあるかもしれません。この©（マルシー）表示は、「©」（C は著作権［copyright］の頭文字）の記号、「著作権者の氏名または名称」、「著作物を最初に発行した年」を並べて記載するルールです。前述のとおり、ベルヌ条約は無方式主義を採用しているため、日本を含むほとんどの国で著作権が保護されるためには、何らの方式も必要としないのですが、ベルヌ条約に加盟していない国のうち方式主義を採用している国において著作権が保護されるために、この©表示が必要とされました。

大多数の国がベルヌ条約に加盟している現在、©表示はそれほど必要性が高くないともいえますが、いまでも世界的に記載の習慣は広く残っています。

🎤 著作権の登録

すでに説明したとおり、著作権が権利として発生するために登録は必要ないのですが、著作権法は著作権の登録という制度も設けています。例えば、「第一発行年月日の登録」をしておけば、その登録日に最初の公表があったものと推定されます（その日以降に同じ作品を発表した者がいた場合に、自分の著作権が侵害されたという主張がしやすくなります）。

また、「著作権の移転の登録」は、著作権の譲渡などを受けた者がそのことを登録しておくことによって、ほかにも譲渡などを受けた者がいるときに、自分の権利の方を優先させるための制度です。登録は、コンピューター・プログラムの場合を除き文化庁が行っています。

表5 | 登録の種類

- 実名の登録（75条）
- 第一発行年月日等の登録（76条）
- 創作年月日の登録（76条の2）（プログラムの著作物）
- 著作権・著作隣接権の移転等の登録（77条・104条）
- 出版権の設定等の登録（88条）

著作者と著作権者❶

著作者って誰？

　著作権法上、著作者は、「**著作物を創作する者**」と定義されています。例えば、音楽を作曲した作曲家、戯曲を書いた劇作家、振付をした振付家などが、それぞれの著作物に対する著作者です。

　「創作」とは、思想・感情を独自の表現として具体化する行為です。「著作物とは何か③」（➡ p.62）で説明したとおり、表現された著作物の背後にある単なるアイディアは著作物として保護されません。したがって、抽象的なアイディアを出しただけの人は、「著作物を創作する者」には該当しないので、著作者になりません。また、作品の創作にあたって、資金提供をしただけの人も著作者にはなりません。

　例えば、あるダンスカンパニーが、フリーの振付家に報酬を支払い、そのカンパニーが上演するためのオリジナルの振付をつくってもらったとしても、著作者になるのは振付家で、カンパニーではありません。カンパニーが、所属しているダンサーにふさわしい振付を欲しいと考え、振付家に対して、登場するダンサーの数を指定したり、主役級のダンサーのイメージに沿ったテーマを依頼したりするなど、欲しい振付のイメージを伝えたとします。しかし、その場合でも、それだけではアイディアの提供にとどまるため、著作者になるのは原則として振付家です。できあがった振付を、その後カンパニーとして自由に利用したい、他のカンパニーには利用されたくないと考えるのであれば、振付家から著作権の譲渡を受けたり、独占的な利用許諾を受けたりするなど、振付家との間で適切な契約を締結しておく必要があります。

　また、著作物をつくるにあたって、単なる機械的作業に従事しただけの人も著作者にはなりません。例えば、舞台装置をつくるにあたって、どのよう

な舞台装置にするのかを実際にデザインした人（デザイナー）が著作者になるのであって、デザインを引き継いで実際の製作作業を行っただけの会社などは著作者にはなりません。

著作者と著作権者の違い

著作者は、著作物が創作された時点で、その著作物について著作権と著作者人格権の主体になります。

「著作権・著作者人格権とは何か④」（→ p.71）で説明したように、著作者人格権は譲渡することができず、また著作者が死亡した場合でも相続の対象にならないのに対し、著作権は譲渡することができ、また相続の対象にもなります。ですから、著作者が著作権を誰かに譲渡した場合には、譲渡を受けた人（譲受人）が著作権の主体（**著作権者**）になります。他方、著作者人格権は性質上譲渡することができないため、著作者に残ります。このため、著作権の譲渡や相続があった場合には、著作者と著作権者は別の人になります。

したがって、著作権の譲渡があった場合には、著作物を利用しようとする者は、著作権者から利用の許諾を受けるとともに、内容を大きく改変するなど著作者人格権に触れる場合は、著作者から改変についての同意を得る必要がある点に注意が必要です。著作者と著作権者という用語は、言葉としても似ていますが、このように異なった概念なので、区別して理解することが重要です。

著作者の推定

音楽 CD や公演パンフレットに、演奏される曲の作曲家・作詞家として名前が記載されている場合など、著作者としての氏名が表示されていると、表示された人が本当の著作者であると「推定」されます（なお、著作権者としての推定がはたらくわけではありませんので注意が必要です）。したがって、何らかの理由で実際の創作者とは異なる人を著作者として表示する場合、実際の創作者は、紛争などが将来生じた場合には、自分が著作者であるということを別途証明する必要が生じます。そこで、著作者として表示される人との間で、誰が著作者であるかの確認書を作成しておくなどの対応が必要になります。

著作者と著作権者❷
──職務著作

職務著作とは何か

著作者は、思想・感情を独自の表現として具体化した者をいうため、そのような創作行為を実際に行うのは個人（自然人）です。しかしながら、企業の従業員がポスターやパンフレットなどを業務上作成する場合には、実際に作業にかかわった従業員ではなく、その従業員が所属している企業などが著作者になることがあります。このように法人などが著作者になる場合を、**職務著作**、あるいは**法人著作**などといいます。

企業や団体などの職員が、何らかの著作物を業務上作成する際には、複数の職員が関与している場合も多いでしょう。その場合に関与した職員全員が著作者になると、著作物をその後利用する場合に職員全員の承諾を得なければならず不便です。また、作成された著作物に対しては企業や団体などが対外的責任を負うのが通常です。そういったことから、法律上、法人その他使用者（「法人等」）が著作者になり得るとされているのです。

職務著作の条件

職務著作になるためには、①法人等の発意に基づき、②法人等の業務に従事する者が、③職務上作成する著作物で、④法人等の著作名義で公表することが必要です。これらの条件がそろっている場合でも、法人等と従業員との間で「著作権は従業員に帰属する」といった契約を結んでいる場合には、契約の規定が優先して従業員が著作者になります。

①法人等の発意に基づいて著作物が作成されること

著作物の作成が、法人等の判断によって開始される必要があります。もっとも、従業員の業務内容から、上司等からいわれなくても著作物を作成する

のが当然であるような場合には、この条件は満たすと考えられています。

②法人等の業務の従事者であること

　実際に創作を行った者が、法人等の業務の従事者である必要があり、会社の社員や役員、いわゆる派遣社員などがこれにあたります。

　例えば、ダンスカンパニーがPR用のプロモーションビデオの作成を外部のプロダクションに委託した場合には、プロダクションは、個別の委託のときにだけ関与するのであって、カンパニーの業務の従事者ではないので、できあがったビデオの著作者はダンスカンパニーではなくプロダクションになります。なお、ビデオの内容が、稽古の様子や団員のインタビューで構成されているとしても、ビデオの著作権自体は、カメラアングルなどに創作性を発揮した外部プロダクションに帰属するのが原則です。ダンスカンパニーとしてその後のプロモーションビデオの利用を制限されたくない場合には、プロダクションから著作権の譲渡を受けるか、幅広い利用許諾を得ておくなどの契約的手当てをしておく方がベターでしょう。

　「業務従事者」とは雇用関係がある場合に限るかという議論があります。近時、①法人等の指揮監督下で労務を提供する実態があり、②法人等がその者に支払う金銭が労務提供の対価と評価できれば、業務従事者にあたるとする裁判例もみられます。したがって、締結する契約が業務委託契約などであっても、実態によっては職務著作と認められる場合があり得ることになります。

③職務上作成する著作物であること

　法人等の従業員が職務として作成する必要がありますので、例えば、オーケストラの団員が、休日を使って趣味で作曲をした場合とか、ダンスカンパニーのメンバーが職務とは関係なく振付を創作した場合などは職務著作とはなりません。

④法人等の著作名義で公表すること

　法人等を著作者として公表する必要がありますので、従業員個人の名義で公表した場合には職務著作にはなりません。ただ、実際には会社名と個人名の双方がクレジットされるケースなども多く、この場合に法人等の著作名義といえるかは微妙な認定の問題です。

著作者と著作権者❸
── 共同著作など

🔑 共同著作とは何か

「二人以上の者が共同で創作した著作物であって、その各人の貢献を分離して個別に利用することができないもの」を**共同著作物**といいます。例えば、舞台の脚本を、全体にわたって2名以上の者で共同してつくる場合などです。オムニバス形式の脚本などで、エピソードのそれぞれが完全にストーリーとして独立しており、各エピソードだけを取り出して上演することもあれば、まとめて上演することもあるといったケースで、それぞれ別の人によって執筆されている場合などには、エピソードそれぞれが独立した著作物となる場合が多いでしょう。他方、全体を複数の執筆者で共同して作成した場合などには、全体について共同著作物となります。

共同著作物になる場合には、一つの著作物の著作権を複数の者が共有します。したがって、著作権の行使にあたっては、共同著作物の著作者全員が共同して行うことになります。利用許諾を得る利用者の立場からすると、共同著作物を利用する場合には、全著作者の許諾を得ることが必要になり、ひとりでも反対したり連絡がとれなければ作品は利用できません。

なお、共同著作物にあたる場合でも、すでに述べた職務著作の条件（➡ p.78～79）にも該当するならば、著作権は共同して著作した各人に帰属するのではなく、法人等に帰属します。

🔑 集合著作物・結合著作物とは何か

共同著作物に似た概念として、「集合著作物」、「結合著作物」があります。

集合著作物は、上記で説明した、オムニバス形式の脚本などの場合です。この場合には、「各人の貢献を分離して個別に利用することができる」ため、

表6｜職務著作・共同著作・集合（結合）著作の違い

種類	権利者	許諾を得るべき対象者	例
職務著作	法人 その他使用者	法人 その他使用者	企業作成のパンフレット
共同著作	複数の著作者	すべての著作者	共同執筆の脚本
集合著作 （結合著作）	各著作者	利用該当部分の 著作者	音楽（歌詞と楽曲）

共同著作物にはならず、各人が著作者となった複数の著作物が集合しているにすぎないととらえられます。

　結合著作物とは、集合著作物の一種ですが、歌詞を含んだ音楽のように、一体的なものとして創作されていながら分離して利用することが可能なものをいいます。音楽が歌詞と楽曲（メロディ）からなる場合、歌詞は一つの独立した著作物であり、作詞家がその著作者です。また、楽曲も一つの独立した著作物で、作曲家がその著作者になります。これらは一緒に演奏されて利用される場合が多いでしょうが、歌詞抜きのインストルメンタル形式で演奏されることもあるでしょうし、逆に歌詞だけが書籍などに掲載されることもあるため、分離しての利用も可能であり、結合著作物といわれます。

　楽曲のみを利用する場合には作曲家から、歌詞のみを利用する場合には作詞家から、それぞれ許諾を得ればよく、前者の場合に作詞家から、後者の場合に作曲家から許諾を得る必要はありません（なおJASRAC等の管理ルールは別論です。➡ p.180「ライブイベントにおける音楽の利用②」参照）。

利用許諾を受けるにあたっての注意

　「著作者と著作権者②」（➡ p.78）と本項で説明したとおり、同じく複数の人が創作に関与する場合でも、職務著作・共同著作・集合著作・結合著作など、さまざまな区別が生じ、それぞれの場合に誰から許諾を得るべきかが異なってきますので、注意が必要です。

著作隣接権とは何か❶

🖋 著作隣接権とは

　例えばアイドル歌手が持ち歌を歌うのを聴いた場合など、多くの人が「○○（曲名）は△△（アイドル歌手の名前）の曲だ」と認識するのではないでしょうか。しかし、著作権法は、著作物の創作者と著作物の公衆への伝達者を区別しています。

　すなわち、著作権法は、著作物を創作した者には、著作者として著作権や著作者人格権を与え（➡ p.64「著作権・著作者人格権とは何か①」、p.71「同④」参照）、他方、著作物の公衆への伝達者は、著作隣接権者として別の枠組みで保護しているのです。

　歌手による歌唱の例について述べると、歌手は著作物である音楽（歌詞と楽曲）を歌唱し、著作物を公衆に伝達する立場にあり、新たな著作物を創作しているわけではありません。したがって、著作権法上、著作者として保護されるのは作詞家・作曲家であり、歌手は著作者としては保護されていないのです。ただし、どのような声でどのように歌唱するかによって、音楽の良し悪しや味わいは随分と変わってきますので、歌唱にも著作物の創作に準ずる創作性があると考えられます。

　そこで、著作権法では、歌手による歌唱は、著作権としてではなく、**著作隣接権**という別のカテゴリーで保護することにしています。著作隣接権者に含まれる権利の種類は、著作権者に認められる権利（➡ p.64、前掲）より少なく、著作隣接権の方が比較的狭い権利であるといえます。

　著作隣接権も、著作権と同様に（➡ p.74「著作権はどのような条件で守られるか」参照）、権利の発生に何らの手続も必要なく実演などがされれば保護されます。著作権と著作隣接権はそれぞれ独立して認められますので、例えば、音

楽を配信する場合には、作詞家、作曲家のほか、著作隣接権者である歌手やレコード製作者の許諾も得る必要があります。

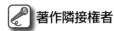
著作隣接権者

　著作隣接権者には、実演家、レコード製作者、放送事業者および有線放送事業者がいます。各著作隣接権者がどのような権利をもっているかについては、「著作隣接権とは何か②」（➡ p.84）以下で説明します。ここでは、誰が、著作隣接権者になるのかを見ていきましょう。

■ 実演家

　音楽を歌唱する歌手、映画や舞台に出演する俳優、ダンサーなど、ライブイベントにおいて重要な役割を果たす人々が実演家にあたります。映画の演出家（監督）は映画の著作者と考えられていますが、イベントの演出家の場合には、すでに存在する著作物である脚本を公衆に伝える立場に位置づけ、著作権法上は著作者ではなく実演家（著作隣接権者）とする考え方が従来は一般的でした（➡ p.127）。いわゆるシンガー・ソングライターの場合には、ひとりの人物が著作者であると同時に著作隣接権者にあたります。

■ レコード製作者

　音を最初にレコード（レコード盤・CD など）に固定した者、すなわち、いわゆるマスター（原盤）を製作した者をいい、レコード製作者の権利のことを、実務上は**原盤権**ともいいます。

■ 放送事業者

　放送を業務として行う者で、NHK や民放などです。

■ 有線放送事業者

　有線放送を業務として行う者をいい、CATV 事業者などが該当します。

実演家の人格権

　従来、著作隣接権者には、著作者とは異なり人格権が認められていませんでしたが、2002 年の法改正により、著作隣接権者のうち実演家について、人格権として**氏名表示権**、**同一性保持権**が認められるようになりました（➡ 実演家人格権については p.86「著作隣接権とは何か③」参照）。

著作隣接権とは何か❷
──実演家の権利(1)

　ここでは、著作隣接権者のうち、ライブイベントで重要な実演家の権利を説明します（➡各著作隣接権者の権利の一覧表は p.89 表8参照）。

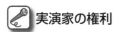 **実演家の権利**

　著作権法上、**実演**とは、「著作物を演劇的に演じ、舞い、演奏し、歌い、口演し、朗詠し、その他の方法で演ずること」と定義されています。実演家には、歌手・演奏家・俳優・ダンサー・指揮者などが該当します。また、演じる対象が著作物でなくても、演じる行為が芸能的な性質をもつ場合には実演家として保護されることになっており、サーカスやマジックでの出演も実演に該当します（➡ p.142 〜 145「実演家①・②」参照）。

■ 録音権・録画権

　実演家は、実演を録音・録画する権利および録音物・録画物のコピーを許諾する権利（**録音権・録画権**）をもちます。したがって、例えば、ダンスをビデオに撮影するためにはダンサーの許諾が必要ですし、歌手の歌を録音するためには歌手の許諾を得る必要があります。

　録音権・録画権には、次のような例外があります。

　実演家がいったん自分の実演を映画の著作物に録音・録画することを許諾すると、以後はその映画の複製については、録音権・録画権は主張できなくなります。したがって、俳優が劇場用映画などに出演する場合には、自分の実演を映画の著作物に録音・録画することに許諾していることになりますから、映画をその後 DVD やビデオに複製する行為については、俳優の許諾を得る必要はないことになります。ただし、映画からサントラ盤レコードを作成する場合など、録音物に録音する場合には実演家の権利が及びます。

　こうした例外を「**ワンチャンス主義**」と呼ぶことがあります（➡表7参照）。

表7│**実演のワンチャンス主義の概要**（ラフな整理）

実演家の権利	承諾を得て映画の著作物に録音・録画された実演	承諾を得て映画以外に録音された実演	承諾を得て映画以外に録画された実演	放送事業者が放送の許可を得た実演
録音権・録画権	×*1	○	○	放送目的なら×
放送権・有線放送権	×	×	×	上記録音・録画物について一定範囲で×*2
送信可能化権	×*1	○	×	○
譲渡権	×	○	×	○

(注) ×＝権利は消滅、○＝権利は存続
　　＊1　映画からのサントラ盤作成やその送信可能化などは除く。
　　＊2　報酬請求権化される。

実演家の側から見ると、その後の作品の二次利用の範囲や対価を交渉して契約を交わす機会は出演の際の1回きり（ワンチャンス）という意味です。

　なお、「映画の著作物」というと著作権法ではテレビ番組なども含みますが、テレビ番組に実演家が出演する場合には後述する「制限規定」の解釈も影響して、（とくに局制作番組を中心に）録音・録画権は必ずしも消滅しない運用がされています。つまり、実務上はテレビ番組の二次利用の際には実演家の許諾を得ているケースが多いようです。

■ 放送権・有線放送権

　実演家は、実演を放送し、有線放送することについて**放送権・有線放送権**をもちます。この権利にも表7のような「ワンチャンス」の例外があります。また、実演の放送のために固定された録音物・録画物を同じ放送事業者が再び放送（リピート放送）などする場合には、あらためて実演家から許諾を得る必要はなく、代わりに相当額の報酬を実演家に支払うルールです。

■ 送信可能化権

　送信可能化とは、ネット上に実演の録音・録画データをアップロードする行為などをいいます。実演家は自分の実演を送信可能化することについて権利をもちます。これにも表7のような「ワンチャンス」の例外があります。

　したがって、例えばテーマパークのアトラクションを収録したDVD映像をインターネットで配信する行為などについては、いったんDVD化に同意した実演家は、あらためて自分の許諾を得るよう主張することはできません。

著作隣接権とは何か❸
──実演家の権利 (2)

　ここでは、前項に引き続き、実演家の権利を説明します。

■ 二次使用料を受ける権利

　実演家は、実演が適法に録音されている商業用レコード（CD・テープなどを含みます）が放送や有線放送に使われた場合、放送事業者などから使用料を受ける権利をもちます。なお、この権利は、個々の実演家が行使することはできず、団体──**公益社団法人日本芸能実演家団体協議会（芸団協）**──を通じて行使されます（徴収された二次使用料は、芸団協が個々の実演家に分配します）。

■ 譲渡権

　実演家は、実演をその録音物・録画物の譲渡により公衆に提供する権利をもちます。ただし、表7（➡ p.85）のような「ワンチャンス」の例外があります。したがって、例えば録画する予定の舞台への出演に同意した俳優は、その舞台を収録した DVD の販売について、自分の許諾をあらためて得るよう主張することはできません。

■ 貸与権

　実演家は、自分の実演が録音されている商業用レコード（CD・テープなどを含みます）の公衆への貸与について、最初に商業用レコードが販売された日から **1年間**は**貸与権（許諾権）**をもち、その期間の経過後はレンタル業者から報酬を受ける権利のみをもちます。この報酬は、二次使用料の場合と同様に、芸団協を通じて徴収・分配されます。したがって、歌手や演奏家の同意がない限り、商業用レコードは発売日から 1 年以内はレンタル店には置かれないことになります。

　外国のレコード会社や国内のインディーズ系レコード会社の一部では、このとおりの運用を行っていますが、日本の大手レコード会社では、多くのシ

ングルは発売と同時に、アルバムも発売から 3 週間以内にはレンタルに回す運用を行っています。

■ 実演家人格権

　従来、著作隣接権者には、著作者とは異なり人格権が認められていませんでした。しかし、実演家の実演においても、姿態や動作、表情などによって実演家の感性や人格が表れていると認められることから、2002 年の著作権法改正によって、実演家に人格権として**氏名表示権、同一性保持権**が認められるようになりました。これに対し、公表権に相当する権利は認められていません。

　権利の内容は、著作者人格権の氏名表示権、同一性保持権（➡ p.71「著作権・著作者人格権とは何か④」参照）にほぼ類似します。ただし、①著作者人格権は法人等にも認められるのに対して、実演家人格権は個人（自然人）にしか認められませんし、②著作者人格権の同一性保持権は、条文上「意に反する改変」を受けない権利とされているのに対し、実演家の同一性保持権は、「名誉又は声望を害する改変」を受けない権利とされており、後者の方が比較的狭い書き方になっているといった違いがあります。

　実演家の氏名表示権により、例えば、実演が録音・録画された DVD や音楽 CD のジャケットや歌詞カードなどに実演家の氏名をどのように表示するかについて実演家の同意を得る必要があることになります。氏名表示権にも例外があり、例えば映画のエキストラ出演者や音楽演奏におけるバックコーラスなど、氏名表示をしないことが「公正な慣行に反しないと認められる」場合には、氏名表示を省略することができます。

　著作者人格権の場合と同様、実演家人格権も、権利の性質上**一身専属性**（➡ p.72）があり、権利を他人に譲渡することは認められず、相続の対象にもなりません。

著作隣接権とは何か❹
──その他の著作隣接権者の権利

　ここでは実演家以外の著作隣接権者の権利について簡単に整理しておきます。なお、誰がレコード製作者、放送事業者などに該当するかについては、「著作隣接権とは何か①」（➡ p.82）で説明しています。

🎙 レコード製作者の権利（原盤権）

　マスター（原盤）の製作には、各種録音機器やスタジオなどが必要で費用がかかるうえ、ミキシング★7 などの作業も要することから、著作権法上も保護が与えられています。

　レコード製作者は、そのレコードを**複製**することについて権利をもちます。この複製には、レコードの放送を受信して録音する行為も含まれます。このほかに、レコード製作者は、実演家の場合と同様に、**送信可能化権、二次使用料を受ける権利、譲渡権、貸与権**をもちます。二次使用料を受ける権利と貸与権のうち期間経過後の報酬を受ける権利については、実演家の場合と同様に団体を通じて権利を行使する必要がありますが、その団体は実演家の場合とは異なり、**一般社団法人日本レコード協会**とされています。

🎙 放送事業者の権利

　放送事業者は、その放送を受信して録音・録画する権利（**複製権**）、放送を受けて再放送したり、有線放送したりする権利（**再放送権**および**有線放送権**）、**送信可能化権**、テレビ放送について、その影像を拡大する特別な装置を用いて公に伝達する権利（**伝達権**）をもちます。

★7　マルチチャンネルで録音された各種の音をバランスよく楽曲ごとにミックスさせて音として完成させること。

表8 | 著作隣接権者の権利

権利の種類	著作隣接権者			
	実演家	レコード製作者	放送事業者	有線放送事業者
録音権・録画権	○	—	—	—
複製権	—	○	○	○
再放送権・有線放送権	○	—	○	—
放送権・再有線放送権	○	—	—	○
送信可能化権	○	○	○	○
二次使用料を受ける権利	○	○	—	—
譲渡権	○	○	—	—
貸与権	○	○	—	—
伝達権	—	—	○	○
氏名表示権	○	—	—	—
同一性保持権	○	—	—	—

(注) ○ は認められる権利、— は認められない権利

有線放送事業者の権利

有線放送事業者は、放送事業者と同様に、**複製権、放送権・再有線放送権、送信可能化権**、有線テレビについての**伝達権**をもちます。

制限規定とは何か❶

制限規定とは

　著作物の利用について著作権者は一定の期間独占的な権利をもっているため、他者が著作物を利用するためには、原則として著作権者から許諾を得る必要があります。しかし、この原則を貫くと、ときに著作物の公正で円滑な利用に支障を生じることがあり、「文化の発展に寄与する」という著作権法の目的にも反するおそれがあります。

　そこで、著作権法は、一定の場合に限って著作権者の権利を法律上制限して、著作権者から許諾を得ることなく著作物を利用できるという例外規定を設けています。

　ところで、米国では**フェアユース**という一般的な制限規定が認められています。フェアユースにあたるか否かの判断にあたっては、

①使用の目的および性格（使用に商業性があるか否か、非営利の教育を目的とするか否かなど）

②使用する著作物の性質

③使用する著作物全体との関連における使用された部分の量および実質性

④著作物の潜在的市場または価格に対する使用の影響

という四つの要素に着目して検討することとされており、フェアユースに該当するとされれば、著作権者の許諾を得なくても著作物を利用できることになっています。

　これに対し、日本では、利用の目的ごとに細かく条件を定めた個別の規定だけがおかれており、そのいずれかに該当しなければ、著作権者の許諾が不要とはなりません。

　こうした制限規定によって著作権が制限される場合でも、著作者人格権（➡

p.71「著作権・著作者人格権とは何か④」参照）は制限を受けません。したがって、氏名表示であるとか、同一性保持などの義務が利用者に課されることに注意が必要です。

 各種の制限規定

　日本の著作権法上は、次の表に記載した制限規定があります。このうち、ライブイベントで比較的問題になり得る、私的複製、いわゆる「写り込み」、引用、非営利目的での上演・上映等については、「制限規定とは何か②」（➡ p.95）で、それぞれの内容を説明します。

　以下の表を一覧すると、教育目的、報道目的、司法上の必要性、所有権との調整、デジタルでの円滑な流通などといった各種観点から制限規定が設けられていることがわかります。

表9｜**著作権が制限されるケース**（主なもののみ掲載）

私的使用のための複製（30条）	個人的・家庭内その他これに準ずる範囲内で使用するために、使用する者が複製できる（翻訳・翻案も可）。なお、デジタル方式の録音録画機器・媒体を用いて著作物を複製する場合には、著作権者に対して補償金の支払が必要となる。一定の違法コンテンツのダウンロードは除外される（違法となる）。
付随的利用（30条の2）	撮影・録音・録画・CG などにおいて、対象物に付随して写り込んだり取り込まれたりする著作物を、軽微な構成部分として複製・翻案しその後利用することができる。
検討の過程における利用（30条の3）	著作権者の許諾を得て著作物を利用しようとする場合などに、実際の利用許諾に先だって、利用するか否かを社内検討などするために、検討対象となる著作物を複製など利用できる。
思想・感情の享受を目的としない利用（30条の4）	技術開発・実用化試験、情報解析その他著作物に表現された思想・感情の享受を目的としない場合、必要な限度で利用できる。
図書館等における複製（31条1項）	政令で認められた図書館等では、非営利事業として一定の条件のもとで、①利用者に提供するための複製・送信等、②保存のための複製等を行うことができる（①の場合には翻訳物の配布も可）。

国立国会図書館における利用 (31 条 2 項以下)	国立国会図書館が、原本の破損等を避ける目的で所蔵資料をデジタル化し、絶版等資料のデジタルデータを事前登録した利用者に対して送信できる。
引用 (32 条)	①公正な慣行に合致し、引用の目的上正当な範囲内であれば、公表された著作物を引用して利用できる。 ②国・自治体等が一般に周知させるために発行した広報資料等は、転載禁止の表示がされていない限り、説明の材料として新聞その他の刊行物に転載できる（いずれも翻訳も可）。
教科用図書等への掲載 (33 条)	学校教育の目的上必要な限度で、公表された著作物を教科書等に掲載できる（翻訳・翻案等も可）。ただし、著作者への通知と著作権者への補償金の支払が必要となる。また、教科書をデジタル化した場合も補償金を支払うことで同様の掲載が許される（33 条の 2）。なお、弱視の児童・生徒のための教科用拡大図書への複製も一定の条件で許される（33 条の 3）。
学校教育番組の放送等 (34 条)	上記と同様の基準で、学校教育番組において放送・有線放送したり、学校教育番組用の教材に掲載したりできる（翻訳・翻案等も可）。ただし、著作者への通知と著作権者への補償金の支払が必要となる。
教育機関における複製等 (35 条)	非営利の教育機関で教育を担任する者や学生・生徒は、授業の過程で使用するために必要な限度で、公表された著作物を複製や公衆送信等ができる（翻訳・翻案等も可）。ただし、一定の公衆送信等について著作権者への補償金の支払等が必要となる。
試験問題としての複製等 (36 条)	入学試験その他の試験・検定に必要な限度で、公表された著作物を複製・公衆送信できる（翻訳も可）。ただし、営利目的の場合には著作権者への補償金の支払が必要となり、また、著作権者の利益を不当に害する公衆送信の場合は除く。
視覚障害者等のための複製等 (37 条)	公表された著作物は、点字によって複製したり、コンピューター用点字データとして記録・公衆送信できる。また、福祉事業を行う一定の者は、視覚障害者等用に必要な方式で複製、貸出、譲渡、自動公衆送信できる（翻訳・翻案等も可）。
聴覚障害者のための複製等 (37 条の 2)	福祉事業を行う一定の者は、公表された著作物を、聴覚障害者用に必要な方式で複製、公衆送信、字幕化などできる（翻訳・翻案等も可）。

非営利目的の上演・上映・ 貸与等 （38条）	①営利を目的とせず、かつ観客から料金を受けない場合は、公表された著作物を上演・演奏・上映・口述できる（ただし、実演家・口述者に報酬が支払われる場合は除く）。また、放送・有線放送される著作物を受信装置を使って公に伝達することができる。 ②営利を目的とせず、利用者から料金を受けない場合は、（映画以外の）公表された著作物のコピーを貸与できる（その他の規定あり）。
時事問題に関する論説の転載等 （39条）	新聞・雑誌に掲載された時事問題に関する論説は、利用を禁ずる旨の表示がない限り、他の新聞・雑誌に掲載したり、放送・有線放送したりできる（翻訳も可）。
政治上の演説等の利用 （40条）	①公開の場で行われた政治上の演説・陳述、裁判での公開の陳述は、あるひとりの著作者のものを編集して利用する場合を除いて、方法を問わず利用できる。 ②国・自治体等で行われた公開の演説・陳述は、報道のために新聞・雑誌に掲載したり、放送・有線放送したりできる（翻訳も可）。
時事の事件の報道のための利用 （41条）	時事の事件を報道するために、その事件を構成したり事件の過程で見聞される著作物を利用したりできる（翻訳も可）。
裁判手続等における複製 （42条）	裁判手続上、もしくは立法・行政上の内部資料として、必要な限度で複製できる（翻訳も可）。ただし、著作権者の利益を不当に害する場合は除く。（改正審議中）
情報公開法等における開示のための利用 （42条の2）	情報公開法等の規定により著作物を公衆に提供または提示する場合には、情報公開法等で定める方法により、必要な限度で利用できる。
公文書管理法等による保存等のための利用 （42条の3）	公文書管理法等の規定により公文書を保存する場合は、必要な限度で著作物を複製でき、著作物を公衆に提供または提示する場合には、必要な限度で利用できる。
国立国会図書館等によるインターネット資料およびオンライン資料の収集のための複製 （43条）	国立国会図書館の館長は、国や公共団体、民間団体等が公表するインターネット資料等を収集するために必要な限度において、著作物を記録することができ、上記団体等は、国立国会図書館の求めに応じてインターネット資料等を提供する場合、必要な限度で著作物を複製できる。
放送事業者等による一時的固定 （44条）	放送事業者・有線放送事業者は、放送・有線放送することができる著作物を、放送・有線放送のために一時的に録音・録画できる。

美術の著作物等の原作品の所有者による展示 （45条）	美術・写真の著作物の原作品の所有者等は、所有作品を公に展示できる（ただし、美術の著作物を公開された屋外の場所に恒常設置する場合は除く）。
公開の美術の著作物等の利用 （46条）	公開された屋外の場所に恒常設置された美術の著作物や、建築の著作物は、彫刻を増製する等一定の例外を除いて、方法を問わず利用できる。
美術の著作物等の展示に伴う複製等 （47条）	美術・写真の著作物の原作品を、適法に公に展示する者は、観覧者のための解説・紹介用の小冊子に、展示する著作物を掲載し、また解説のために上映や公衆送信等できる。
美術の著作物等の譲渡等の申し出に伴う複製等 （47条の2）	美術品や写真をインターネットオークションや通信販売等で取引する際に、その商品画像を掲載（コピーまたは自動公衆送信）できる。
プログラムの著作物の複製物の所有者による複製等 （47条の3）	プログラムの著作物のコピーの所有者は、自らコンピューターで利用するために必要な限度で複製・翻案できる。
コンピューターでの著作物利用に付随する利用 （47条の4）	コンピューターでの著作物利用を、キャッシュなど円滑・効率的に行うための付随する利用や、バックアップなど維持・回復するための利用は、必要な限度で行える。
コンピューターでの情報処理とその結果提供に付随する軽微利用 （47条の5）	所在検索サービス、情報解析サービスその他政令で定めるコンピューターの情報処理による新たな知見・情報の創出に必要な限度で、その結果提供に付随して軽微な利用を行える。データベース化など、その準備のための利用も行える。

＊以上、多くのケースでは利用される著作物の出所の明示が必要となり、また、作成された複製物の目的外使用の制限がある。
（文化庁ホームページ / https://www.bunka.go.jp/ 掲載の表などを参考に作成）

1 ライブイベント・ビジネスにかかわる著作権

制限規定とは何か❷

　ここでは、制限規定のうち、私的複製、いわゆる「写り込み」、引用、非営利目的での上演・上映等について説明します。

私的複製

　個人的に、あるいは家庭内や親しい友人間などで鑑賞するといった目的で音楽を録音したり、テレビ番組を HDD レコーダーに録画したりする行為は、**私的複製**として認められており、著作権者の許諾を得る必要がありません。ただし、近時、録音・録画を制限するコピープロテクションなどの**技術的保護手段**（いわゆる **DRM**）が、ビデオソフトやコンテンツ配信に採用されていますが、そのような技術的保護手段が施されている場合に、それを回避して録音・録画を行う場合には、私的複製としての例外は認められません。また、従来、違法にアップロードされた音楽や映画をダウンロードすることは違法とされていましたが、2021 年 1 月からは、違法にアップロードされた海賊版のマンガなどの静止画をダウンロードする行為も違法となり、私的複製としての例外は認められないことになりました。もっとも、利用者の知る権利への配慮から、マンガの 1 コマから数コマ程度の「軽微なもの」のダウンロードや、二次創作・パロディのダウンロードは違法対象から除外されています。

「写り込み」

　いわゆる「**写り込み**」とは、写真撮影の際、本来意図した撮影対象だけでなく、背景に小さく絵画が写り込む場合や、街角の風景をビデオ収録した際、街中の音楽を拾ってしまう場合などをいいます。付随的に写り込むことなどによって分離が困難な著作物の利用は、通常は著作権者の利益を不当に

害さないと考えられます。しかし、理論的に著作権侵害に問われるおそれが
あったため、2012年の著作権法改正により、この制限規定が設けられました。
例えば、ライブイベントにおいて、事前に撮影しておいた写真や映像をセッ
トや構築物にプロジェクションすることがあります。その際に、写真や映像
に付随的に写り込んだ著作物を合わせて映写することは、「写り込み」の条
件を満たしていれば、写った著作物の著作者の許可なしに行えます。

　この「写り込み」は、2020年の著作権法改正によって対象範囲が拡大さ
れました。例えば、改正前には写真撮影・録音・録画を行う際の写り込みだ
けが対象でしたが、改正により配信プラットフォームを活用した生配信を行
う際の写り込みや、CG化での風景中の著作物の取り込みなども含まれるよ
うになりました。これにより例えば、ライブイベントの宣伝告知用に出演者
が街を歩いている姿を生配信する際に音楽を拾ってしまった場合なども著作
権侵害になりません。また、改正前は、メインの被写体から分離が困難な著
作物が写り込む場合が対象でしたが、その条件が外れました。ただし、経済
的利益を得るためにあえて著作物を入れ込む行為、例えば、前述の生配信で、
有名キャラクターのフィギュアを意図的に配置して写し込むような場合、新
たに設けられた「正当な範囲内」という条文の規定に反する可能性もありま
す。

 引用

　有名な映画の台詞（せりふ）を、講演・セミナーで紹介するなど、公表された他人の
著作物を自分の創作する著作物の中に取り入れて用いる場合、一定の条件を
満たせば引用と認められ、著作権者から許諾を得る必要はありません（なお、
映画の台詞が短いものであるなど、そもそも著作物と認められない場合であ
れば、引用の例外によるまでもなく自由に利用できます）。

　引用と認められるためには、①引用対象にする著作物が公表されているこ
と、②公正な慣行に合致するものであり、③報道、批評、研究その他の引用
の目的上正当な範囲内で行われるものでなければならないとされています。

　従来の判例では、引用した部分にはカギ括弧を付けるなどして、どこが引
用された部分で、どこが自分の創作した部分であるかがわかるように区別す

ることが必要と考えられ（**明瞭区別性**）、また、引用される他人の著作物の部分が「従」で、自ら作成する部分が「主」であるよう、内容的な主従関係がなければならないとされていました（**主従関係**）。しかし、近年、これらの要素を「引用」といえるための要素として踏まえたうえで、引用を定めた著作権法の条文により忠実に、上記②や③の点も総合考慮したうえで引用に該当するか否かを検討する考え方が主流になってきています（①の「公表」の条件は以前から必要とされています）。さまざまな要素を総合考慮することは、妥当な結論を導くのにはよいともいえますが、現場では何が引用に該当するのかの判断が難しくなっているという指摘もあります。②の公正慣行という条件について述べると、そもそもある業界における公正な慣行は何かを把握すること自体が困難ですが、舞台上演における台詞について一つの考え方を実践編（➡ p.198「ステージ上での引用と出典の明示」）で示しています。③は引用の目的に照らして、どの範囲で他者の著作物を利用することが正当化されるかを吟味するための条件です。他者の著作物から不必要に長い箇所を利用することは認められません。

引用により著作物を利用する場合、複製によって利用するときには、必ず他人の著作物について著作者名、題名などを明らかにする**出所の明示**をしなければならず、上演・演奏などの複製以外の方法による利用のときで、慣行がある場合には、同様に出所の明示をしなければならないこととされています。

いわゆるパロディとして他人の著作物を利用したい場合などには、日本法では「引用」の規定くらいしか該当可能性がありません。しかし、「制限規定とは何か①」（➡ p.90）で説明した米国のフェアユースなどとは異なり、「引用」規定は適用場面が限定的なため、パロディ目的での利用が認められる場合は限られるといった指摘がされています。

非営利目的での上演・上映等

公表された著作物は、①営利を目的とせず、②聴衆・観衆から入場料その他名目を問わず一切の対価を徴収せず、③実演家・口述者に出演料などの報酬が支払われない場合には、著作権者の許諾を得ることなく、公に上演・演

奏・上映・口述することができます。例えば、学校の文化祭での戯曲の上演やコンサート、非営利イベントでのBGMなども、入場料などをとらなければ、この規定により著作権者の許諾を得ることなく行うことができます。

　①営利目的か否かは、②対価を徴収しないことという条件とは別の条件とされていることから、上演等を主催しようとする者が、入場料収入を得るか否かとは直接は関係がありません。

　詳しくは、「非営利目的の上演・演奏等を行う場合の注意点」（➡ p.200）で説明しますが、非営利目的での上演等の例外に該当するための条件は比較的厳しいものなので、注意が必要です。

　この規定によって、著作権者から許諾を得ることなく著作物を利用できるのは、上演、演奏、上映、口述という方法に限られます。したがって、インターネットを用いたライブ配信（公衆送信）は、上記①〜③の条件を満たす場合でも、勝手に行えないので注意が必要です。

1 ライブイベント・ビジネスにかかわる著作権

死後の保護と保護期間❶
—— 著作権の保護期間

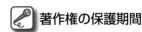 著作権の保護期間

　著作権の保護期間は、著作物が創作されたときから始まり、**著作者の死後70年間**存続するのが原則です。従来の保護期間は著作者の死後50年間でしたが、column 01「保護期間の延長問題」（➡ p.102）のとおり、環太平洋パートナーシップに関する包括的及び先進的な協定（TPP11協定）の発効した2018年12月30日から、その時点で存続する既存の著作物について死後70年間に延長されました。例えば、2004年の芥川賞は、当時20歳と19歳の女性の同時受賞でした（金原ひとみ『蛇にピアス』、綿矢りさ『蹴りたい背中』）。女性の平均寿命が85歳以上であることを考えると、これらの作品の著作権の保護期間は、おそらく100年以上に及ぶことになります。特許権の保護期間が原則として出願時から20年間とされていることと比較すると、これは大変長い期間です。

　このように著作権の保護期間が長く認められているのは、次の理由からです。特許によって保護される発明は、産業や技術の発展にかかわるものであって、機能・効率などを追求するものとして、誰が発明者であっても同じような方法や結論に収束していく（べき）傾向があります。そのため、あまり一つの発明に長期間の独占を認めると、技術の進歩が妨げられるという弊害が生じます。それに対し、著作権が取り扱う文化の世界は、そのような収束とはむしろ反対に、多様性（他者の表現とは異なる著作者の個性）を追求していく傾向があるため、長期間の独占を認めても、特許の場合ほどには弊害は少ないと考えられたのです。

　もっとも、あまりに長く独占状態を認めると、作品の流通や先人の作品を利用した新たな創作行為が妨げられてしまい、文化の発展がむしろ停滞する

ことになりかねません。そこで、永遠に保護するのではなく、一定の期間に限定し、保護期間経過後は誰でも自由に利用できる（公共の財産という意味でパブリック・ドメインといいます）ことにしています。

著作権の保護期間のバリエーション

著作権の保護期間は、著作者、著作物、氏名表示の方法などによって次のように変わってきます。

実名で公表された著作物

個人（自然人）が創作した著作物のうち、著作者の実名で公表されたものの著作権は、原則どおり**著作者の死後70年間**保護されます。二人以上の著作者が創作した共同著作物については、最後に死亡した著作者を基準に、その著作者の死後70年間保護されます。

無名または変名で公表された著作物

自然人が創作した著作物でも、氏名表示なし（**無名**）で、あるいは本名とは異なる名称（**変名**）で公表された場合には、著作者が特定できず、いつから70年間を起算すればよいのかがわからないため、**著作物の公表後70年間**保護されます。これには例外があり、例えば、著名作家のペンネームであり、その作家の変名として周知されている場合には、実名で公表された場合と同様、当該作家の死後70年間存続します。

団体名義の著作物

法人が著作者の場合には、自然人のように著作者の死期を基準にすることができないので、法人など団体の著作者名義で公表された著作物については、著作物の公表時を基準に、**公表の70年後**までの間、著作権が存続します。創作後70年以内に公表されなかった場合には、**創作時から70年間**存続します。

映画の著作物

映画の著作物の著作権は、従前は公表後50年（創作後50年以内に公表されなかった場合には創作時から50年）だったのですが、2004年1月から、**公表後70年**（創作後70年以内に公表されなかったときは、**創作後70年**）に延長されました。

これは、ヨーロッパの多くの国や米国においては、1990年代の法改正に

よって、保護期間の原則が著作者の死後 70 年間に延長され、映画の著作物についても、ヨーロッパでは主たる監督や脚本家、映画音楽の作曲者などのいずれか最後の死後 70 年間とされ、米国でも多くは職務著作として公表後 95 年の保護期間が与えられていることとの調和や、自然人を著作者とする他の著作物との均衡を踏まえてのことと説明されています。

表10｜著作権・著作者人格権・著作隣接権・実演家人格権の保護期間

権利の種類	著作物・著作隣接権の種類	保護期間の終了時点
著作権	実名で公表された著作物	著作者の**死後 70 年**
	共同著作物	最後に死亡した著作者の**死後 70 年**
	無名・ペンネームで公表された著作物	著作物の**公表後 70 年**（著作者の死後 70 年経過していることが明らかな場合には、その時点まで）
	団体名義の著作物	著作物の**公表後 70 年**（創作後 70 年以内に公表されなければ、創作後 70 年）
	映画の著作物	**公表後 70 年**（創作後 70 年以内に公表されなければ創作後 70 年）
著作者人格権	すべての著作物	著作者の**生存期間中**（ただし、生存していたとすれば著作者人格権の侵害となるべき行為は、著作者の死後も禁止される）
著作隣接権	実演	行為が行われたときから**70 年**
	放送・有線放送	それぞれの行為が行われたときから**50 年**
	レコード	発行したときから**70 年**
実演家人格権	すべての実演	実演家の**生存期間中**（ただし、生存していたとすれば実演家人格権の侵害となるべき行為は、実演家の死後も禁止される）

保護期間の延長問題

　本文でも説明したとおり、著作権の保護期間は、著作物が創作されたときから始まり、TPP11協定の発効した2018年12月30日より前は著作者の死後50年間存続するのが原則でしたが、同日以降は死後70年間存続することになりました。1990年代に、日本やカナダを除く多くの欧米諸国が死後70年へと延長し、そのため、日本でも著作権の保護期間を欧米並みに延長するか否かが長く議論されていたのですが、20年間延長することになったのです。ここでは、死後50年間から70年間に20年間延長するかについてなされていた議論を簡単に振り返ってみましょう。

■ 保護期間延長を支持する考え方

　期間延長を支持する立場は、保護期間は長い方が権利者の権利保護を強めることになるため、さらにクリエイターの創作意欲を湧かせることになるというインセンティブ論と、欧米先進国に制度をそろえて調和を図るべきであるというハーモナイゼーション論などを根拠としています。

■ 保護期間延長に反対する考え方

　期間延長に反対する立場は、保護期間が長すぎれば新たな作品の創作が不自由になり、かえって文化活動を停滞させるのではないかという指摘をしています。また、集中管理された音楽などを除けば、作者の死後50年も経ってしまうと、作品の権利が多くの相続人に分散するなど誰がどう管理しているか曖昧になるケースが増えます（権利者不明の作品を世界的に「オーファン作品（孤児著作物）」と呼び、対策が叫ばれています）。さらに20年延びると、ますます権利関係が曖昧になって権利者の許諾をとれず、作品の流通が害されるとも指摘されます。

　以上のとおり、保護期間を延長するか否かについては、二つの対立する考え方が存在していましたが、TPP11協定という国際的な取り決めによって20年間延長することになりました（カナダも、2022年12月から延長）。

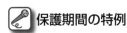

死後の保護と保護期間❷
── 保護期間の計算方法など

🔑 保護期間の特例

　前項では保護期間の原則などについて説明しましたが、複数の国をまたがって著作物の保護が問題になる場合には、保護期間の相互主義、戦時加算のような特例が適用されることがあります。

■ 保護期間の相互主義

　著作物の本国の保護期間が、相手国における保護期間より短い場合には、本国の短い保護期間分しか保護されないことになっており、このことを**保護期間の相互主義**といいます。例えば、ある国の著作物が、日本の著作権法より短い保護期間である死後50年間の保護を定めているとします。その場合、日本において、その著作物を保護する期間は、本国であるその国の著作権法が定める死後50年間で足り、日本の著作権法が定める死後70年間の保護は適用されません。このようなルールを保護期間の相互主義というのです。

■ 戦時加算

　第二次世界大戦の戦勝国（連合国）の国民が戦前または戦中に得た著作権については、日本では通常の保護期間に戦争期間（最大で10年強）を加算して保護することになっています。これは、戦争期間中は日本で戦争相手国の著作権が十分保護されていなかった、という連合国側の要求でサンフランシスコ講和条約時に日本側だけが負わされた義務です（よって「戦中」とはサンフランシスコ講和条約が発効した1952年までを指します）。従来日本では「不公平な義務」として批判も強く、2013年にはJASRACなどが撤廃を求め、話題となりました。

🔑 保護期間の計算方法

　保護期間の計算方法は、著作者の死亡時を基準にする場合、著作物の公表時を基準にする場合、または創作時を基準にする場合のいずれの場合でも、簡便にするために、著作者が死亡した日、著作物が公表された日、または著作物が創作された日の属する年の**翌年の1月1日から起算**します。

　例えば、2000年4月に死亡した著作者の実名の著作物の保護期間も、同年10月に死亡した著作者の実名の著作物の保護期間も、同じく2001年1月1日から起算して70年間経過するまで保護されるので、2070年12月31日まで保護されます。

🔑 著作隣接権の保護期間

　著作隣接権の保護期間は、実演、放送および有線放送については、それぞれが行われた時、レコードについては最初に固定した時から発生し、それぞれの行為が行われた（レコードについては発行が行われた）翌年1月1日から起算して70年（ただし放送および有線放送については50年）を経過した時をもって満了します。

🔑 死後の保護

　「著作権・著作者人格権とは何か④」（➡ p.71）で説明したとおり、著作権は財産権なので、著作者が死亡した場合には相続の対象になります。なお、著作者の生前に、すでに著作権が第三者に譲渡されている場合には、その譲受人が著作権者になっていますので、その場合には著作者の死亡によって著作権の相続が生じるわけではありません（➡ p.76「著作者と著作権者①」参照）。

　これに対し、著作者人格権や実演家人格権は**一身専属性**（➡ p.72）があり、著作者や実演家に固有のものとして譲渡や相続の対象になりませんので、著作者や実演家の死亡とともに消滅します。しかしながら、著作者や実演家が生存していたら著作者人格権や実演家人格権を侵害する行為に該当する行為（ただし、公衆に提供・提示する段階の行為に限定されます）は、死後といえども禁止され、差止請求や損害賠償請求の対象になります。

　この差止請求権や損害賠償請求権を行使できるのは、著作者または実演家が遺言で指定した者がいればその者、そのような指定がなければ著作者または実演家の遺族です。具体的には、配偶者がいれば配偶者、配偶者がおらず子がいれば子といった順序で行使できる人が決まります。相続の場合には、配偶者と子が同一順位になるのですが、それとは異なり、配偶者がいる場合には、配偶者のみが権利を行使するか否かを判断できると考えられます。

著作権の侵害とは❶

🔑 著作権の侵害とは

　著作権の侵害は、他人の著作物に似た作品を勝手につくったり、他人の著作物を勝手に利用（➡ p.66 〜 70「著作権・著作者人格権とは何か②・③」で説明した複製などの行為）したりする場合に生じます。

　まねすることを**依拠**といいます。他人の著作物に依拠したとしても、できあがったものがまったく異なる作品であれば、当然侵害になりません。したがって、依拠しただけではなく、**類似性**が必要とされます。

　依拠と類似性については後述しますが、ここで注意しなければならないことは、依拠の対象が他人の「著作物」ということです。そもそも著作物でなければ、いくらまねしようとも著作権侵害にはなりません。「著作物とは何か③」（➡ p.62）で説明しましたが、例えば、単なるアイディアは著作物としては保護されないため、他人のアイディアをまねしただけでは著作権侵害にはなりません。また、著作物の保護期間（➡ p.99「死後の保護と保護期間①」参照）がすでに過ぎている場合には、誰でも自由に利用できるので、例えば、18世紀に作曲されたクラシック音楽を利用しても著作権侵害にはなりません。

🔑 依拠

　依拠は、前述したとおり、他人の作品をまねることをいいます。例えば、同じく知的財産権である特許権の侵害の場合には、依拠は必要とされていません。したがって、特許として登録されている発明と同じ発明を偶然思いついて、その発明を利用した製品を販売などすると特許権侵害になります。それに対し、著作権の侵害の場合には依拠が必要とされていますので、偶然同じ著作物を創作した場合には、著作権侵害にはなりません。

したがって、権利侵害を主張する側の著作物が有名な作品である場合などは依拠があったことの証明は容易でしょうが、そうでない場合には依拠の証明が難しい場合があります。もっとも、誰が見てもまねしたとしか思えない程度に、独創性のある作品が瓜二つの場合などには、他の条件も考え合わせたうえで、依拠があったと推定されることがあります。

類似性

他人の著作物と同一のもの（いわゆる**デッドコピー**）を無断で利用すれば当然著作権侵害ですが、類似するものでも著作権の侵害になります。例えば、1冊の本の全体にわたって、「です・ます調」であったのを、「である調」に変えただけであるとか、ごく一部分のみを削除しただけであるといった場合には、類似性が認められることはほぼ明白です。しかし、実際の多くの紛争では、どこまで似ていれば類似していると判断され、どれだけ違っていれば類似していないと判断されるかの境界線はそれほどはっきりせず、ケース・バイ・ケースで裁判所により判断されます。

例えば、歴史的事実それ自体は著作物として保護されませんが（➡ p.164「歴史に取材した作品をつくる場合の注意点」参照）、ある歴史的事実を題材にして戯曲を執筆した場合など、戯曲自体は、作者の個性を表しているものとして著作物と認められるでしょう。そこで、他の人が、同じ歴史的事実を題材にして戯曲を書いた場合、両作品が史実に忠実であればあるほど、おのずと作品の内容は似てくることになります。歴史的事実に基づく講演・セミナーなども同様です。しかし、歴史的事実それ自体は著作物として保護されないのですから、ある史実を表現するためには類似してしまうことが不可避であるような部分については除いたうえで、その他の部分がどれだけ似ているかで類似性を判断します。この例からもわかるでしょうが、類似性の判断は、なかなか難しい問題です。

著作権の侵害とは❷

著作者人格権、著作隣接権などの侵害

著作権侵害の場合と同様、著作者の意に反して著作物を改変したり（同一性保持権侵害）、作品の公表にあたって、著作者の氏名を表示しなかったり（氏名表示権侵害）すると著作者人格権侵害になります。

著作隣接権については、例えば無断で音楽 CD をインターネットで配信するように、実演家（この例の場合には、演奏しているミュージシャンや歌唱している歌手などが考えられます）の許可を得ないで実演を利用すると著作隣接権侵害になりますし、勝手に実演家の名誉を傷つけるような内容に改変などすると実演家人格権の侵害になります。

侵害時の効果

ここでは、著作権が侵害された場合に、侵害された権利者が、侵害した者に対して何を主張できるかを説明します。

❶民事上の効果

民事上の効果として、著作権者は侵害者に対し、差止請求権や損害賠償請求権などをもちます。

■差止請求権

差止請求権とは、侵害者が著作権侵害行為を止めるように求めることができる権利です。あわせて、著作権を侵害するコピーの廃棄などを求めることができる場合があります。差止請求は、侵害者に、著作権を侵害したことに関する故意または過失がなくても（まったく落ち度がなくても）認められます。その意味で差止請求権は強力な権利です。

損害賠償請求権

損害賠償請求権とは、著作権侵害によって権利者がこうむった損害を賠償するよう侵害者に求められる権利です。損害賠償請求をするにあたっては、差止請求の場合と異なり、侵害者に故意または過失があることが必要です。

損害としては、例えば、①侵害商品を販売したことで、著作権者の販売する正規商品の売上が下がった場合、本来であれば得られたであろう売上による利益、②侵害者が侵害商品を販売することによって得た利益、または③侵害者が権利者からライセンスを受けていたとしたら、支払っていたであろうライセンス料などが考えられます。

また、著作権が侵害された場合に、著作者の氏名が作品に表示されていなかった場合などには、著作権侵害と同時に著作者人格権（この場合は氏名表示権）の侵害があったことになります。著作者人格権の侵害に伴う損害は、著作者の慰謝料（精神的苦痛の代償）であり、著作権侵害による経済的な損害とは異なるため、別途請求できることになります。

なお、類似性（➡ p.106「著作権の侵害とは①」参照）の主張立証などは専門知識を要するため、著作権侵害が生じた場合に裁判で権利救済を求める場合には、弁護士などに依頼することが実際には多いでしょう。その結果、著作権者が訴訟で勝訴した場合には、裁判所が認めた損害額の約1割程度の金額が、弁護士費用として損害額に上乗せされるのが一般的です。

❷刑事罰

著作権、著作者人格権、著作隣接権、実演家人格権を侵害した者には刑事罰が科される可能性があります。著作権侵害、著作隣接権侵害の場合には、**10年以下の懲役または1000万円以下（法人は3億円以下）の罰金**、著作者人格権、実演家人格権の場合には、**5年以下の懲役または500万円以下の罰金**に処せられる可能性があります。

刑事罰は基本的に**親告罪**とされており、親告罪の場合、著作権者や著作者などが警察や検察に告訴した場合にのみ起訴・処罰が可能となります。他方、「有償著作物等」を「原作のまま」複製等する行為のうち、海賊版のように権利者の利益が不当に害される場合には**非親告罪**になります。

著作権の国際的保護❶

🔑 条約による保護

　能や狂言の海外公演が行われたり、逆に海外のオーケストラやシルク（サーカス）などが来日して公演を行ったりすることがあります。実際に人が行き来しなくても、海外からのライセンスに基づいてテーマパークのアトラクションを展開したりすることもあります。

　このように、著作物は国境を越えて利用されることがよくありますが、そのような場合には、著作物はどの国の法律で保護されるのでしょうか。

　この点、著作権法の内容は万国共通ではなく、国によって異なります。そのため、統一のルールがない以上、何らかの取り決めが必要になってくるのですが、著作物の保護は、著作権に関する条約をとおして行われています。ここでは、著作権に関する主要な条約であるベルヌ条約について説明し、他のいくつかの条約について、「著作権の国際的保護②」で説明します。

🔑 ベルヌ条約

　著作権に関する条約で最も重要なのが**ベルヌ条約**です。同条約には、日本も含めて 2023 年 7 月現在合計 181 か国が加盟しています。主要国の中で米国などが当初ベルヌ条約に加盟していなかったのですが、1989 年に米国も加盟するに至りました。

■ 保護される著作物

　加盟国の国民や法人の著作物はベルヌ条約によって保護されます。著作者がベルヌ条約加盟国の国民でなくても、ベルヌ条約加盟国内で著作物が最初に発行されれば保護対象になります。

■ 適用される法律

　ベルヌ条約自体も著作権の取り扱いについて一定のルールを規定しているのですが、条約によって保護される著作物は、基本的に加盟国の国内法によって保護されます。加盟国は、加盟に伴ってベルヌ条約が要求する内容の法律を整備していますので、その限度において、どこの国であってもある程度は同じようなルールが適用されることになります。例えば原則的なルールとして、ベルヌ条約加盟国である米国民の著作物が日本で利用される場合には、その著作物は日本法によって保護され、逆に日本国民の著作物が米国で利用される場合には、米国の著作権法によって保護されます。

■ ベルヌ条約の原則

　ベルヌ条約は、①内国民待遇、②無方式主義、③遡及効といった原則を取り入れています。

①**内国民待遇**……加盟国が外国人の著作物を保護する場合に、自国民に与えている保護と同等以上の保護を与えるという原則です。

②**無方式主義**……著作権の発生には、登録やコピーマークの付記などのいかなる方式も必要としないという原則（➡ p.74「著作権はどのような条件で守られるか」参照）です。米国は、かつて© （マルシー）表示（➡ p.75）を必須としていたなどの事情から、ベルヌ条約への加盟が比較的遅れました。

③**遡及効**……ベルヌ条約は、ある国がベルヌ条約に加盟して、その国においてベルヌ条約が効力をもつようになった後に創作された著作物だけでなく、それ以前に創作された著作物の加盟後の利用関係などにも適用されます。このことを**遡及効の原則**といいます。もっとも、それぞれの加盟国におけるベルヌ条約の発効時に、その国において保護期間がすでに満了している著作物は除かれます。

■ ベルヌ条約の改正

　ベルヌ条約はこれまでに何度か改正されていますが、加盟国の全会一致でないと改正できない特殊な条約であるため、加盟国の増加に伴って事実上改正が不可能になっています。インターネットの普及その他の社会現象の変化に伴って法改正の必要があるのですが、ベルヌ条約では現代化に対応しきれない面があるため、後に説明する WIPO 著作権条約などが別途締結されています。

著作権の国際的保護❷

　ここでは前項に続けて、万国著作権条約、TRIPS 協定、WIPO 著作権条約などを説明します。

万国著作権条約

　万国著作権条約には 2023 年 7 月現在、日本を含めて 100 か国が加盟しています。ベルヌ条約と万国著作権条約の両方の保護を受ける著作物についてはベルヌ条約が優先して適用されることになっており、現在では万国著作権条約の加盟国はベルヌ条約にも加盟するに至っていますので、万国著作権条約の適用場面はないことになります。

　万国著作権条約の特徴として、著作物のすべての複製物にマルシー（©）、著作権者の氏名または名称、最初の発行年の三つの事項を表示しておけば、方式主義国でも自動的に著作権の保護を受けることができます（➡ p.74「著作権はどのような条件で守られるか」参照）。

TRIPS 協定

　TRIPS 協定とは、知的所有権の貿易関連の側面に関する協定の通称で、WTO（世界貿易機関）の設立協定付属書の一部です。知的財産権の保護や執行に関して多国間に共通するルールが存在しないために、偽物ブランド商品や海賊版 CD などが横行し、国際貿易に甚大な被害を及ぼすケースが増大しているという認識から、そういった共通するルールをつくるものとして策定されました。著作権のみならず知的財産権一般を対象にしており、**内国民待遇**（自国民と外国人の差別の禁止）のほか、**最恵国待遇**（ある国を優遇する措置をとった場合、他のすべての加盟国に対しても同じ優遇措置が直ちに適用される）を基本原則として定めています。協定に違反した場合に WTO

の紛争解決機関に提訴して、違反措置の是正を求めることができます。

　著作権に関しては、ベルヌ条約の実体法の遵守（ただし著作者人格権を除く）のほか、著作隣接権の保護についても規定しています。

WIPO 著作権条約

　WIPO（World Intellectual Property Organization）は、世界知的所有権機関のことです。全世界にわたって知的所有権の保護を促進することを目的として設立された組織で、本部をスイスのジュネーブにおく国連の専門機関です。

　「著作権の国際的保護①」で説明したとおり、ベルヌ条約は全会一致でないと改正ができないため、ベルヌ条約加盟国が増大した現在では、その改正は事実上不可能になっています。そのため、社会のデジタル化・ネットワーク化の進展などに対応してベルヌ条約を補強するための付属の条約として**WIPO 著作権条約**（**WCT**）がつくられ、2002 年に発効しました。2023 年7 月現在、日本を含め 115 の国が締結しています。

　WIPO 著作権条約中で新たに取り入れられた規定としては、①コンピューター・プログラムの保護、②編集物・データベースの保護、③公衆への伝達権、などがあります。

WIPO 実演・レコード条約、北京条約

　WIPO 実演・レコード条約（**WPPT**）は、1996 年に採択されました。この条約は、実演家人格権や、実演家・レコード製作者の複製権・譲渡権・貸与権・利用可能化権の設定を主な内容にしています。日本は、2002 年に正式に加盟しました。2023 年 7 月現在、日本を含め 112 の国が締結しています。WPPT では、主にレコードに固定された音の実演の保護が図られており、それ以外の実演（視聴覚的実演）における実演家の権利は対象に含まれていませんでした。このように国際的に十分な保護が図られてこなかった視聴覚的実演の権利保護について定めるのが、2012 年に採択された**北京条約**です。2023 年 7 月現在、日本を含め 47 の国が締結しています。

劇作家・脚本家❶
──劇作家・脚本家

 ## 著作権者としての劇作家・脚本家とは？

　いわゆるストレートプレイ（ドラマ的な演劇作品）に限らず、ミュージカルや現代オペラを含めて演劇的な舞台作品には脚本が存在します。映画と違いシナリオと呼ばれることはまれで、演劇作品では「**戯曲**」や「**脚本**」と呼ばれることが多いでしょう。著作権法が例にあげるとおり、脚本は著作物です。ですから、そこには著作権がはたらきます。具体的には、脚本を上演や出版などに利用する場合には、著作権者の許可が必要です。また、その脚本を上演した公演を録画したり、放送・配信する場合にも、脚本そのものの複製や公衆送信と考えられますから、著作権者の許可が必要です。

　舞台作品に限らず、広くセミナーやライブイベント全般の当日進行内容を示すものとして「**台本**」（進行台本）という存在は重要です。舞台作品ではとくに、この用語は戯曲・脚本とほぼ同じ意味で使われることもありますが、戯曲や脚本と並べて、これらと区別された意味で使われることもあります（後述）。

　戯曲や脚本の執筆者は「**劇作家**」「**脚本家**」と呼ばれます。脚本家は放送用脚本の場合にも使われる名称ですが、劇作家という言葉はほぼ舞台用作品である戯曲の執筆者だけを指すニュアンスです。

　このほか、コントなどの台本の執筆者は「**コント作家**」などと呼ばれます。執筆された台本がある程度まとまりをもった作品ならば、やはり著作物にあたり、著作権が生まれるでしょう。

　脚本はたいていは登場人物の「台詞」と、舞台の状況や登場人物の動きを説明する「ト書き」からなります。このほか、ミュージカルやオペラには欠かせないのが楽曲（メロディ）と歌詞で、これは音楽の著作物であると同時

に、演劇の著作物でもある、といわれます。(以下では、典型例である舞台の劇作家を想定して解説を行います。他のイベントでの進行台本もそのバリエーションといえますが、進行台本の著作権はあまり独立して意識されないケースも多いでしょう。)

劇作家とカンパニーの関係

劇作家は大別すれば、「**座付き作家**」とフリーランスに分けることができます。座付き作家とは、例えば劇団のような特定の団体に所属して、主としてその団体のために作品を執筆する劇作家です。三谷幸喜の傑作戯曲『笑の大学』のモデルになった菊谷栄は、喜劇王エノケン(榎本健一)一座の座付き作家でした。

いま「所属」と書きましたが、これは必ずしも劇団自体が会社法人になっていて劇作家がその社員である場合を意味するわけではありません。なかには、社員として劇団(会社)から給与をもらう座付き作家もいて、『君の名は』(「。」のない方)を執筆した菊田一夫などは、かつて東宝の重役にまでのぼりつめました。また、いわゆる小劇場の劇団では、座付き作家が自ら劇団の主宰者や演出家である、というケースも少なくありません。

いずれにしても、前述の社員の例を除けば、特定の劇団など(カンパニー)と明文の専属契約まで交わしている座付き作家はおそらく少数派でしょう。カンパニーと座付き作家との間は、一般的にはもうすこし緩やかな結合関係で、外部団体から座付き作家に脚本執筆の依頼があった場合も、物理的に可能であれば劇作家がこうした依頼を受けることは問題ないケースが多いようです。

フリーランスの劇作家は文字どおりフリーランスで、かつて別役実などのように、劇作家が特定のカンパニーと固定的な関係を結んでいないケースです。ただし、作家としての業務のマネジメントを特定の会社や個人事務所に委託している場合はあります。

劇作家・脚本家❷
──脚本・台本の著作権

脚本上演に必要な許諾

　座付き作家であれば所属するカンパニーの活動内容と自らの執筆動機は不可分でしょうが、フリーランスの劇作家の場合には新作脚本の執筆は特定のカンパニーからの依頼を受けて開始されることが多いでしょう。これを**新作の執筆委嘱**などといいます（ただし、いずれのケースでも執筆が予定どおりスムーズに完了することを意味しない点では一緒です）。

　執筆の動機がカンパニーからの依頼であれ、劇作家が自ら執筆した脚本については、著作権は最初は著作者である劇作家自身にあるのが原則です。著作権は譲渡が可能ですから、劇作家が脚本の著作権を特定のカンパニーや制作者といった個人に譲渡することはできますが、日本の、少なくとも舞台ジャンルにおいては、劇作家や振付家が著作権を誰かに譲渡してしまうことはあまり一般的ではありません。執筆の委嘱を受けて書き下ろした脚本であれ、過去に執筆した既存の脚本であれ、その著作権は著作者である劇作家がもっているケースが圧倒的に多いでしょう。

　そこで、劇団や制作会社といった主催者が脚本を上演しようと思えば、他人の著作物を上演することになりますから、著作者である劇作家の許可を受ける必要があります。こうした許可のことを「**許諾**」や「**ライセンス**」ともいいます（ただし、非営利の上演の場合には例外的に許諾のいらない場合もあります。➡ p.200「非営利目的の上演・演奏等を行う場合の注意点」参照）。

「上演台本」の著作権はどうなる？

　さて、近代劇では多くの場合、まず脚本があって、それに基づいて演出家の指揮のもとで俳優による稽古が行われるわけですが、こうした稽古など公

演準備の過程で、往々にして脚本は修正を受けます。それは実際に台詞が口に出して話される過程で、あるいは演出の都合上、脚本の一部がカットその他変更されることがあるためです。

　こうした修正は劇作家自ら行うケースが多いでしょうが、俳優との共同作業のなかで演出家の主導で行われることもあります。演出家主導で行われる脚本の変更を「**テキストレジー**」と呼びます。修正作業の結果、最初の脚本と違ったテキストで実際の上演が行われる場合、後者のテキストを「**上演台本**」と呼んで最初に劇作家が執筆した脚本と区別することもあります(➡ p.174「現場での直し、テキストレジーと上演台本」参照)。

　上記の典型的な場合のほか、劇作家自身が演出する場合など、必ずしも完成した脚本を用意せず、稽古を進行させながら「**口立て**」で脚本を完成させていくケースもあります。また、例外的に、演出家が作品の基本的な設定や素材としてのテキストだけを用意して、あとは稽古場での俳優との集団作業によって公演を（つまり上演台本を）完成していく場合など、集団によっては創作のプロセスにはかなりバリエーションがあります。

　最後のケースでは、実際にメンバーが共同で創意をもち寄って上演台本が完成したのであれば、その上演台本はカンパニーによる共同著作と見られるでしょう。その場合、著作権は原則としてカンパニーの共有となります。

劇作家・脚本家❸
── 脚本の上演許諾の条件

 脚本の上演料はどうやって算出されるか

　劇作家は主催者に上演を許諾する見返りとして、多くのケースで**上演料**を受け取ります。これは、新作脚本の委嘱の場合には委嘱の対価と一体となって「**委嘱料**」などの名目で支払われることもあります。上演料は、わが国では多くのケースでステージ数やホールの規模を考慮した定額で決められます。

　あとで述べる音楽を除けば、日本ではライブイベント分野で著作権や著作隣接権が特定の団体に集中的に管理されている例はほとんどありませんでした。ほぼ唯一の例外といえるのは、一部の劇作家が協同組合日本脚本家連盟（日脚連）や協同組合日本シナリオ作家協会（シナ協）に加盟して脚本の管理を委託していることです。こうした例外を除いて大多数の場合には、脚本の上演その他の利用の許諾を受けるためには、主催者は、著作権者である劇作家本人やそのマネジメントの担当者と上演許諾や対価の交渉をすることになるでしょう（他のイベントの進行台本の場合、一般に再演が考えにくいこともあって、独立で著作権の使用料が問題になるケースは例外的です）。

　上記の事情もあり、脚本の上演対価は上演規模やジャンルに応じてまちまちであって、相場と呼べるほどのものはありません。ただし、現代劇を中心に多数の劇作家は**一般社団法人日本劇作家協会**に加盟しており、同協会は、本書改訂時点では会員の権利の本格的な管理業務は行っていませんが、かつて次ページのような最低上演料についての決議（1995年）を公表しました。

　日本劇作家協会のほか、前述の日脚連なども上演料について使用料規定をおいていますが、ほとんどの主催者はこうした規定に法的に拘束されていないこともあり、国内の劇作家に現実に支払われる上演料はこれよりかなり低い例も多いようです（海外の脚本の場合、国内脚本と比べてかなり高額化す

> **日本劇作家協会　劇作家の最低上演料に関する決議**
> 委嘱料、再演料など名目を問わず、公演の総予算の5%。ただし、いかなる時にも100万円は下らない。

るケースがあります）。

　上演料のほかにも、上演許諾の際には許諾の地域、期間などさまざまな条件が取り決められます。この点、日本劇作家協会と**公益社団法人日本劇団協議会**は、共同で3種類の**統一モデル契約書**を発表しています（➡ p.230「巻末資料」参照）。

🔑 脚本に原作が存在する場合

　劇作家がオリジナルで脚本を執筆する場合のほか、既存の何らかの作品を下敷きにして舞台作品が制作されることも少なくありません。第I-2章であげたとおり（➡ p.32「多様化する『原作もの』」参照）、こうした原作ものには、小説や映画からの舞台化、マンガやアニメ、ゲームからのミュージカル化（いわゆる2.5次元）、テーマパークのアトラクション化、さらには実話・歴史上の人物に基づく舞台作品など、幅広いバリエーションがあります。

　最後の実話等の例は別として、こうした原作に基づく舞台作品はたいてい、原作を下敷きにして新たに脚本が執筆されて（ミュージカルの場合には楽曲・歌詞・台本がつくられて）、舞台化上演されます。この場合、脚本は原作に基づきながらも、新たな創作性を付け加えて執筆されるケースが多いでしょうから、これは原作である著作物の**翻案**です。ですから、原作の著作物の保護期間がまだ終わっていないならば、原作者（正確には原作の著作権者）の許可がなければそもそも上演できないことになります。こういうケースで原作の著作権者との間で結ばれるのが、「**原作使用契約**」などと呼ばれる契約です。

　また、原作の翻案によって脚本がつくられた場合、原作作品は**原著作物**と呼ばれ、執筆された脚本は**二次的著作物**ということになります（➡詳しくはp.160〜163「原作と著作権①・②」参照）。

音楽❶
──作詞家・作曲家

 ライブの音楽にかかわる人々

　音楽は言うまでもなく、ライブイベントを成立させる重要な要素ですが、ここで「音楽」という言葉がもつ意味は一つではありません。

　コンサートであれ、あるいはオペラやミュージカルであれ、あるいは他のライブイベントであれ、観客の耳に音楽が届くまでには、多くの関係者のクリエイティブな作業や技術的な作業が関与しています。

　第一には、**作詞家**や**作曲家**といったソングライターがあげられます。多くのケースでは、まずは彼らがつくり出すメロディや歌詞があって、初めて歌手や演奏家は歌を歌ったり、演奏をしたりして「音」を生み出すことができます。

　こうしたメロディ（著作権法では「**楽曲**」といいます）と歌詞は、いわば楽譜に書くことができる情報、といえるでしょう。即興演奏の場合など、楽譜が存在しない場合もあるでしょうが、その気になれば楽譜に記述することもできる情報が、こうした楽曲や歌詞であり、それを生み出すのがソングライターたちです。

　第二には、こうした楽曲や歌詞を歌唱したり演奏したりして、実際に音を生み出す歌手や演奏家があげられます。また、オーケストラの場合など、こうした演奏を指揮する指揮者もあげられます。著作権の世界では歌手・演奏家・指揮者はすべて、「**実演家**」として分類されます。

　もちろん、作詞家・作曲家が自ら演奏をしたり、指揮者が演奏も行うなど、実際のケースでは同一人物が複数の役割を果たすことは珍しくありませんが、役割としては大きく「作詞家・作曲家」と「実演家」に分類できる、という意味です。

　コンサートやオペラ、ミュージカルの場合には、こうした実演家の生み出す生の「音」を楽しむことがイベントの最大の目的（少なくともその一つ）です。ですから通常の形ならばこれらの歌唱や演奏はライブで行われるでしょう。ただし、最近はリアルタイム／アーカイブでの配信やライブ・ビューイング（➡ p.15）も人気を集めています。2022年、BTSが2年半ぶりに実施した有観客ライブが配信とライブ・ビューイングで全世界246万人の同時視聴を生んだ件は前述しました（➡ p.49）。

　他方、ダンス作品やストレートプレイ（ドラマ）、展示会・各種フェア・セミナーなどその他のイベントでも、無論、音楽は重要な構成要素であるケースが少なくありません。この場合、生演奏が行われたり、事前にその作品のためにスタジオでレコーディングされた音源が使われる場合もありますが、おそらく各種イベントを通算して一番多いのは、CD・配信などで流通している既存の音源をイベントに利用することでしょう。

　こうした歌手や演奏家などの「実演家」については、のちほど別に紹介します（➡ p.123 図6、p.142「実演家①」参照）。このほか、音楽監督や、音響効果、音響プランナーなど、舞台芸術に特有の重要なスタッフが存在しますが、この項では著作権と一番かかわりの深い第一の「歌詞・楽曲」、つまり作詞家・作曲家の作業の成果について紹介しましょう。

🎤 作詞家・作曲家の著作権

　作詞家・作曲家のつくり出す歌詞と楽曲は、著作物です。よってそれを創作する作詞家・作曲家には著作権があります。自然発生的な民族音楽のようにそもそも著作者を特定できないケースや、モーツァルトやベートーヴェンなどのようにすでに著作権の保護期間が終わっているケースを除けば、他人の歌詞・楽曲を複製したり演奏したり上演したりするためには、著作権者の許可を得ることが必要になります。ただし、あとで説明する「非営利目的の演奏・上演」などの例外は認められます（➡ p.200「非営利目的の上演・演奏等を行う場合の注意点」参照）。こうした例外的な場合を除いて、許可なく他人の歌詞・楽曲を演奏・上演など利用した場合、著作権侵害となって差止請求や損害賠償の対象となります（➡ p.106 〜 109「著作権の侵害とは①・②」参照）。

音楽❷
──作詞家・作曲家の著作権が及ぶ範囲

　著作権者の権利の及ぶ「演奏」は「**公の演奏**」ですが、公開のイベントや多数の人々を集めたイベントで歌詞や楽曲を演奏すれば、たいていは「公の演奏」にあたるでしょう。この場合、他人の歌詞・楽曲を収録した CD やネットの音源を流すことも「公の演奏」にあたりますので注意が必要です。

　ミュージカルやオペラのように、演劇的な音楽作品を本来の形で公に演奏することは、著作権法では演奏ではなく「**公の上演**」とみなされるでしょうが、この場合でも著作権者の許可が必要である点は変わりません。

　歌詞・楽曲がイベントで演奏・上演された場合、その模様を収めた DVD を発売したり、その様子を放送・配信することは、歌詞・楽曲自身の**複製・譲渡（頒布）**だったり、**公衆送信**だったりしますから、原則として著作権者の許可が必要となります（➡ p.204 〜 207「イベントの中継放送・DVD 化の権利処理①・②」参照）。2022 年には、長く社会の注目を集めた音楽教室と JASRAC（➡ p.124）の裁判が最高裁判決によって終結しました。そこでは、音楽教室での少人数・個別指導での模範演奏や練習演奏が、「公の演奏（公衆に直接聞かせるための演奏）」にあたるかが争点となりました（➡ p.186 column 02「民間教室での指導・練習」参照）。

　なお、楽曲については**アレンジ（編曲）**が行われることがあります。こうした編曲が新たな創作性を原曲に加えるものであれば、その結果できあがった編曲済みのバージョンは、原曲に対する「**二次的著作物**」となります。その場合、この二次的著作物の著作者は**アレンジャー（編曲家）**ですから、理論的には、二次的著作物の著作権はアレンジャーにあるのが原則です。ただし、原曲の作曲家は当然、こうした編曲済みバージョンに対しても原著作者の権利を行使することができます（➡ p.68「著作権・著作者人格権とは何か③」、p.188「アレンジ、オーケストレーションの権利」参照）。

図6 | さまざまな音楽の要素と著作権・著作隣接権

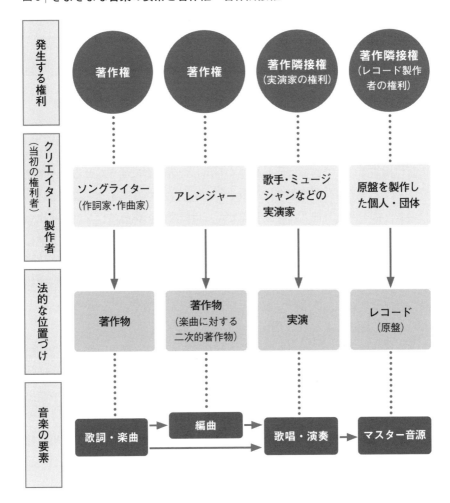

音楽❸
──音楽出版社・日本音楽著作権協会（JASRAC）ほか

 音楽出版社への権利譲渡

　著作権法では、著作権は作品をつくり出した著作者に与えられるのが原則です。ライブイベント業界では、中心的に関与するクリエイターは一般に自分の著作権をあまり他人に譲渡しません。ほぼ唯一の例外はソングライターたちで、プロフェッショナルの作詞家・作曲家は、往々にして歌詞・楽曲に対する著作権を「**音楽出版社**」という著作権を管理する事業者に信託的に譲渡します。無論、無条件の譲渡ではなく、個人にすぎない自分に代わって作品の著作権を管理・活用してもらい、著作権収入を増やして、かつ回収してもらうために譲渡するのですね。

　著作権の譲渡には、期限を設けることもできます。音楽出版社への権利譲渡も、例えば10年間といった期限を設ける形も多いようですが、なかには「著作権保護期間中」という、非常に長期にわたって作詞家・作曲家から音楽出版社に権利譲渡が行われることもあります。こういう場合はとくにそうですが、自作の運命を音楽出版社に預ける作詞家・作曲家としては、音楽出版社は慎重に選びたいものです。

 集中管理団体の重要性

　そして、生の演奏ばかりでなく、CD・テレビ・ラジオ・インターネットなど広範囲で著作物が利用される現代では、音楽出版社もまた、自分たちが譲渡を受けた歌詞・楽曲の著作権を、集中的な管理のできる、より大規模な団体（**著作権等管理事業者**）に委ねる形が一般的です。こうした団体のうち、わが国で圧倒的なシェアを誇るのが一般社団法人日本音楽著作権協会（JASRAC）です（他の主要な著作権等管理事業者としては、株式会社

NexTone が存在感を高めています）。わが国のプロフェッショナルな作詞家・作曲家ではかなりの割合の人々が、音楽出版社を介してかあるいは直接に、JASRAC に著作権を信託的に譲渡しています。

　JASRAC はこうした信託を受けた歌詞・楽曲について、複製・演奏・上演・公衆送信など、ほぼすべての利用について統一の使用料により、利用申請者に対して画一的・非差別的に利用を許諾しています。よって、前の項で述べた他人の歌詞・楽曲の演奏・上演の許諾などは、それが JASRAC の管理楽曲であれば、原則として JASRAC に利用許諾を申請し、決められた使用料を支払うことで演奏・上演などの利用ができることになります。

　JASRAC などに作品を信託・委託している作詞家・作曲家は、原則として自ら作品の利用を他人に許諾することはできません。ですから、公演の主催者としては JASRAC などを介さずに作詞家・作曲家から直接に歌詞・楽曲の演奏・上演の許可をもらっても、ほとんど無駄ということになります（➡ 例外あり。以上詳しくは p.178 以下、「ライブイベントにおける音楽の利用①～④」参照）。

　言うまでもなく、これらは作品が JASRAC などの管理楽曲の場合の話であり、直接・間接に JASRAC などに信託・委託していない「ノンメンバー」の作詞家・作曲家の作品の場合には、ソングライター自身や彼らが作品の管理を委ねている他の団体との交渉によって利用許可を受けることになりますので、注意してください。作品を誰が管理しているかを事前に確認するのは、あくまでも利用者である主催者の責任です。

演出家❶
──演出家は著作者か？

 イベントにおける演出家の重要性

　多くのライブイベントにおいて、プロデューサー／主催者が公演のビジネス面の最高責任者だとすれば、**演出家**は一般に公演のクリエイティブ面の最高責任者です。舞台公演を例にとれば、演出家は劇作家の執筆した脚本に基づいて俳優たちによる稽古を統括し、各クリエイティブ・スタッフと舞台美術や照明プランの方向性を話し合い、また舞台監督と連携しながら劇場での各種リハーサルや当日（少なくとも初日まで）の舞台進行を統括します。完成した「公演」全体を仮に一つの作品と見るならば、おそらくその「創造者」と呼ばれるのに最もふさわしい人物は演出家でしょう（➡ p.149 図11参照。なお、本来は、演出家と並んでプロデューサーがここにあげられるべきでしょうが、この点は p.152「プロデューサー／主催者③」参照）。

 演出家は著作者ではない？

　さて、演劇はよく「総合芸術」といわれます。周辺のエンタテインメントのジャンルを見渡せば、映像作品も同じ総合芸術と呼ばれ、シナリオ・音楽・美術などさまざまなクリエイティブな要素を含んでいたり、伴っています。そして、映像作品の場合には完成した映像そのものも1個の「著作物」とみなされ、演出家に相当する「監督」はその中心的な著作者と見られます★8。

　では、ライブイベントそのものも映像作品の場合と同様に1個の「著作物」とみなされ、演出家はその著作者と考えられるのでしょうか。

★8　映像作品でもテレビドラマなどでは「監督」といわずに「演出家」と呼ばれることが多いですが、この映像作品の演出家も映画監督と同じ扱いで、原則として著作者と見られます。

　従来の一般的な理解は、「ノー」でした。著作権法にはっきりと「演出家は著作者ではない」と記載されているわけではありませんが、おそらく現行の著作権法は演出家を著作者とは想定していません。なぜならば、著作者とは違う場所で演出家を名指ししているからです。著作権法では俳優やダンサー、演奏家を「実演家」と呼んで著作者とは別に位置づけていることは「著作隣接権とは何か①」の項（➡ p.82）で述べましたが、この「実演家」の例として、条文に「**実演を演出する者**」があげられています。ですから、どうやら現行著作権法ができたときには、「典型的な演出家というのは『演技指導をする人』であって、著作者ではなくて実演家である」と考えられていたことが推測されます。

　これと関連して、現行法下では「イベントそのもの」を1個の著作物とは考えないというのが、おそらく従来のより一般的な理解だったでしょう。なぜなら、現行法は「著作物の例」に「映画」はあげますが、当然念頭に浮かんでもよさそうな「舞台公演」などはあげていないからです。そうではなくて、公演を構成する脚本・振付・舞台美術といった個別の要素がそれぞれ著作物であって、「公演」とはそうした複数の著作物が同時に同じ場所で「上演」される行為、と考えているようです。つまり、「公演イコール上演」です。公演が単なる上演行為であれば、上演行為にすぎないことを独立の「作品」と見たり著作物と見ることはないでしょう★9。

　しかし、こうした理解はいずれも妥当でしょうか。

★9　現行著作権法ができた際には「演出関係専門委員会」が設置され、審議では上演される舞台を脚本とは別の独立した著作物と考えることは「理由なしとしない」とされていました。ただし、結論としては、この考え方は「現段階における著作権法制上は適当ではない」と端的に報告されています。文部省「著作権制度審議会審議記録（一）」p.295 参照。

演出家❷
──演出家を公演全体の著作者とみる見解

🖊 演出家を実演家のひとりとみなした場合の不都合

　仮に、舞台公演全体を1個の著作物とは見ないならば、演出家は公演全体の著作者とはならず、その果たした役割に応じて実演家のひとりとみなされるか、場合によっては舞台美術などの個別の要素の共同著作者となることがある程度でしょう。

　演出家が実演家のひとりとしかみなされない場合には、演出家にはもちろん著作権があるはずはなく、「**実演家の権利**」という名の著作隣接権の一種が認められるだけです。

　「著作隣接権とは何か①〜③」（➡ p.82 〜 87）で説明したとおり、これは簡単にいえば著作権よりは狭い権利で、例えば著作権に含まれるような演奏権・上演権・翻案権などは認められません。認められるのは、複製権のうちのさらに一部といえる**録音・録画権、放送権・有線放送権・送信可能化権、譲渡権**、などです。

　前記の権利がありますから、演出家はおそらく著作隣接権に基づいて、自分の公演を誰かが勝手に録画することや、放送・有線放送することは禁止できるでしょう。

　他方、この考え方だと、演出家に上演権や翻案権などが認められないことは重要で、例えば誰かが日本人演出家による有名なギリシャ悲劇の演出をそっくりまねして公演を行っても、演出家は法的なクレームは何も行えなさそうです。初演のプロデューサーが演出家の了解一切なしに初演のバージョンで再演を行うことも自由、ということになるでしょう。その場合、舞台美術などの個別の要素が似ていれば、それぞれの舞台美術家の著作権は侵害するかもしれませんが、演出家は法的な主張はおそらく何もできないのですね。

しかし、これは現場の感覚からはかなり距離感のある事態のように思えます。

公演全体を一つの著作物とみる見解

　この点、少なくとも演劇系イベントの現場では、公演を1個の作品と考える人は少なくないように思います（もちろんその場合も、舞台美術や振付といった要素が作品ではないという意味ではなく、映画と同じように、そうした個別の作品を含んだより大きな作品として公演がある、というニュアンスです）。そしてその作品である公演全体の創作者をひとりだけあげろといわれれば、おそらく演出家をあげるのが多数意見でしょう。

　つまり、「公演イコール上演」ではなくて、「**公演という作品**」が上演されている、という考え方ですね。現に欧米の少なくとも舞台ジャンルでは、よく公演をプロデュースする（制作する）といい、できあがった公演のことはプロダクションと呼びます。つまり、作品というニュアンスで、そのプロダクションが上演（パフォーム／プレゼント）されるという表現がよくとられます。

　少なくとも演劇系の公演は、脚本・振付・各種の舞台美術・照明・音楽・演技といったさまざまな要素が有機的に結合した総合的な作品ですから、単に個々の要素がたまたま同時に上演されていると考えるよりは、有機的一体としての公演作品が上演されている、と考える方が実態に即している気がします。そう考えれば、個々の要素はもちろんのこと、その有機的結合体である公演全体も1個の著作物であり、その著作者は演出家である、と考えるのは無理ではないようにも思われます[10]。公演そのものが独立の著作物になり、また、演出家がその著作者になるという考え方に立てば、前述のように演出家に無断で彼／彼女の「演出バージョン」を再演するのはおそらく難しいということになるでしょう。

　2020年からは前述した「EPAD」事業によって、数多くの舞台映像が収集・配信されました。演出家を実演家のひとりにすぎないと見れば、元の録画編

★10　このような考え方に立つものとして、芸団協・文化法研究会編著『舞台芸術と法律ハンドブック』p.48（桑野雄一郎執筆部分）参照。また、以上の全体について、福井健策「講演録／ライブ・エンタテインメントと著作権」コピライト534号 p.5以下参照。

集に同意した段階で多くの演出家の著作隣接権は消滅し、配信には演出家の承諾は不要ということになります（➡ p.84「著作隣接権とは何か②」参照）。しかしそのような扱いは到底舞台芸術界の常識には合致せず、EPAD 事業でも演出家は配信のための同意を取得すべき重要な権利者という運用がされています（➡ p.49「ライブイベントとデジタルの融合」参照）。

　このように、現行著作権法での演出家の位置づけには課題もあり、それだけに契約の取り決めが重要になります。

図7 | 著作者としての振付家、実演家としての指揮者・演出家（？）

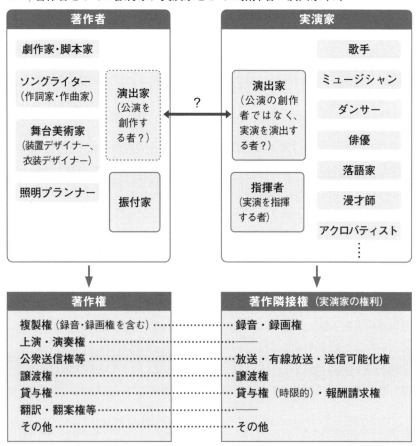

2 ライブイベント・ビジネスの各プレーヤーと著作権

指揮者

——指揮者に認められる権利は何か？

📝 著作者ではなく「実演家」

　演劇系イベントの演出家、ダンス系イベントの振付家とやや似た存在に、音楽系イベント（とくにオーケストラ）における**指揮者**の存在があります。

　現行の著作権法における指揮者の位置づけは演出家のそれと似ていて、著作物の例に「コンサート」はあがっていませんし、他方実演家の例には「**実演を指揮する者**」とはっきり記載されています。つまり、指揮者は著作者ではなくて、著作隣接権をもつ**実演家**ととらえられていることになります。

　これは演劇系イベントにおける演出家の場合よりはおそらくしっくりくる位置づけです。オーケストラの公演における指揮者は一般的には、実演の指導・指揮（およびケースにより選曲）がその主な役割で、指揮者が舞台美術・照明などについて高い指導性やクリエイティビティを発揮することは（ありますが）そこまで一般的ではないように思われます。

📝 指揮者に認められる権利

　指揮者が実演家であるとするならば、認められる権利は著作権ではなく**著作隣接権**で、その内容は「演出家②」（➡ p.128）の項で述べたとおり、**録音・録画権**（自分の指揮した公演を誰かが勝手に録音・録画することを禁止できる）、**放送・有線放送権**（同じく放送や有線放送を禁止できる）、**送信可能化権**（同じくネット配信を禁止できる）、**譲渡権**、および一定の**報酬請求権**となります。

　他方、ある指揮者と同じような解釈や特徴的なポーズで、別な指揮者が同一曲のタクトを振ること自体は、著作隣接権の侵害ではありませんから自由ということになりそうです。

振付家
──振付家に認められる権利は何か？

振付家に著作権はあるか

ダンス系イベントにおける**振付家（コリオグラファー）**は、演劇系イベントにおける演出家と対置される存在でしょう（もちろん、ダンス系ばかりでなく、ミュージカルなどの演劇イベントやその他さまざまなイベントで振付家や振付家的なスタッフは活躍しています）。

しかし、著作権法における位置づけは、演出家と比べて振付家の方がはるかにはっきりしています。なぜなら、著作権法は著作物の例として、**「舞踊・無言劇」**をあげているからです。この場合の「舞踊」とは、バレエ・ダンス・日舞などの振付、つまりはダンサーの動作や配置の指定や構成を指しています。また、「無言劇」とはパントマイムのことで、ここではやはりパントマイムの動作の型や構成を指しています。そうした動作や配置を創作するのが振付家で、このような振付についての著作権をもつと理解されています。

音楽に楽譜があるように、ダンスには**舞踊譜**がつくられることがあり

図8 | 舞踊譜

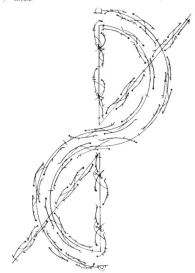

18世紀はじめからヨーロッパで流行したフイエによる舞踊記譜法。各ステップ（パ）と移動の軌跡が記録されている。ラウール・フイエ『コレオグラフィ、またはダンスを記述する方法』（安田靜「舞踊記譜の歴史」Inter Communication No.29 より転載）

ます。舞踏の創始者・土方巽の舞踏譜が出版されたことがありますし、また、**パントマイム譜**というものがつくられることすらあります。ただ実際には、つくられても各振付家の「創作メモ」程度のもので、具体的な動きは振付家がその場で実演してダンサーに「振り入れ」し、あとに残るのは振り付けられたダンスの映像である、というケースが多いでしょう（➡図8参照）。

振付は演出と違ってはっきり著作物と認められていますから、著作隣接権ではなく著作権が発生します。よって、振付家には、原則として自ら創作した振付に対して、複製権・上演権・上映権・公衆送信権・翻案権などのすべての著作権が認められます。

上演権が認められますから、ある振付家の振付を無断で利用してダンサーが踊ったり、あるいは主催者がそうした公演を行うことは**上演権の侵害**になります（当然ながらこれは振付の創作性しだいです。例えば映画「Shall we ダンス?」の振付の著作物性が争われた事件では、2012年の東京地裁判決で映画中の社交ダンスの振付について創作性が否定されましたが、その後、大阪地裁はフラダンスの振付をめぐって2018年、もうすこし緩やかに見える基準で著作物性を認めています）。

振付の上演権侵害が認められたケース

振付の上演権侵害が実際に問題になったのが、モーリス・ベジャールの事件です。これは、20世紀を代表する振付家であるベジャールがかつてファルフ・ルジマートフに振付けた『アダージェット』などの2作品について、その後ある日本の主催者の招へいで来日したルジマートフらが無断で踊ったケースです。主催者らはベジャールから訴えられ、裁判の結果振付の上演権侵害が認められました（➡p.168「無断上演が行われると『主催者』の責任はどうなるか?」参照）。このように、いくらかつてルジマートフのためにベジャールが振付けた作品でも、その後の再演までベジャールが許していたのでないならば、彼の許可なく同じ振付を上演することは著作権侵害となります。

ダンサーからすれば、一度振付けられた作品は自分の作品、と理解するケースもあるかもしれませんが、とくにそういった合意でもない限りは上演権をはじめ振付の著作権は振付家にあるのが原則です。

舞台美術家❶
—— 舞台美術家って何？

🔑 舞台美術家とは何か

　舞台美術家とは、最も狭い意味ではさまざまなライブイベントで舞台上の
セット（「**装置**」などといいます）をデザインする**舞台装置家**（装置デザイナー
／プランナー）を指しますが、多くのケースではこれに舞台衣装をデザイン
する**舞台衣装家**（衣装デザイナー／プランナー）を含めて「**舞台美術家**」と
総称します。このほかに、広義ではあとの項で述べる**照明家**（照明デザイナー
／プランナー）まで舞台美術家に含めることもありますが、舞台美術家の業
界団体である**一般社団法人日本舞台美術家協会**の加入者の多くは舞台装置家
および舞台衣装家です。

　舞台装置家はイベントの企画案や脚本に基づいて、演出家やプロデュー
サーらと協議しながらセットの基本的なデザインコンセプトを練り上げ、デ
ザイン画、模型、設計図面などの「**装置デザイン**」を作成します（➡ p.137
図9参照）。装置デザインに基づいて実際の装置を製作するのは、大規模な作
品では金井大道具などの舞台製作会社であるケースが多いでしょうが、舞台
装置家はこうした装置の実際の製作やその劇場への搬入・設置（仕込み）を
スーパーバイズすることも多く、舞台が無事進行するまでを見届けるのがそ
の業務、といってよいでしょう。実際の装置製作を発注するのは通常は制作
主体です。コンサートや展示会などの他のイベントでセットがつくられる場
合も、スタートが脚本ではないというだけで、あとの進行は本質的には類似
しています。

　ある装置デザインに基づいて製作される装置は通常一つだけですが、作品
によっては同じデザインによる装置がいくつも製作され利用されるケースも
少なくありません。『レ・ミゼラブル』や『オペラ座の怪人』のような人気ミュー

ジカル作品は世界中の国々で上演されており、同一デザインによる装置がいくつも存在しています。

　舞台衣装家の作業も、脚本やイベントの企画内容に基づいて、演出家やプロデューサーと協議しながら**衣装デザイン**を練り上げる作業が前半部分といえます。後半部分は、衣装家が助手などを使って自ら実際に衣装を製作するか、あるいは委託を受けた外部業者が衣装を製作する作業です。新たに衣装を製作するばかりでなく、衣装家が既製服を調達するケースもあります。ここでも、実際に出演者に衣装を着用させてみて、リハーサルなどを通じて適宜修正を加えつつ、舞台が無事進行するまで見届けるのが多くの場合業務範囲となります。なお、舞台衣装と一体性の高い作業として、（かつらを含む）ヘア、そしてメイクがあります。舞台衣装家が同時にヘアメイクのデザインを手がける例もありますし、ヘアメイクのみを専門とするデザイナーもいます。

どんな舞台美術が著作物となるのか

　一般的に、舞台美術は著作物と考えられます。なぜならそれは、さまざまなイベントにおける芸術上の視覚効果をめざして、創作的に表現されたものだからです。舞台装置の場合、おそらくまず著作物と考えられるべきは、舞台装置家が完成した前述の「装置デザイン」でしょう。デザイナーの作業は、デザインができあがったところでいったんは完結しているからです。それはデザイン画であれば「**美術の著作物**」となり、設計図面であれば「**図形の著作物**」になる、と考えるのが適当でしょう。

　これに対して、実際に製作された装置だけが「美術の著作物」であって、デザイン画や設計図面はそのための中間製作物である、という考え方もあり得るでしょうが、建物の場合には途中で制作される設計図も「図形の著作物」にあたることや、同じデザインからときに複数の装置がつくられることを考えると、ちょっとそぐわない気がします。

舞台美術家❷
──舞台装置家に認められる権利は何か？

実際に製作された装置は「複製物」か「二次的著作物」か

　前項のように、「装置デザイン」がまずは著作物であって、舞台美術家が
その著作者であると考えた場合、実際に製作される装置は何なのでしょうか。

　現実の作業では、舞台美術家は精巧な設計図面まで制作する場合が多いた
め、装置の製作は、それを忠実に立体化する作業といえるケースも多いで
しょう。無論、そこには高度技術とさまざまな工夫が要求されるわけです
が、さらなる創意を付け加えて新しい作品をつくる、という作業にはならな
いケースも多いようです。

　そうであれば、製作される装置は、著作物である装置デザインの**複製物**と
いうことになるでしょう。少なくとも、デザイン画や模型から実際に装置を
製作するのが複製であることは間違いないと思われます。これに対して、設
計図面だけに基づいて装置を製作する場合、それを複製と呼ぶかは理論的に
若干疑問もありますが、そう考えてしまってよいように思います★11。

舞台装置家に認められる著作権

　装置デザインが著作物と認められるケースでは、原則として著作者である
舞台装置家がその著作権者と考えられます。よって、舞台装置家の許可なく
他人がその装置デザインに基づいて装置を製作することは許されません。

　また、仮にデザインではなく完成された装置こそが著作物だとみなされる

★11　細かくなりますが、著作権法第2条1項15号ロ（建築の著作物における複製）を「確
　　認規定」と理解しない立場に立つと、建築の著作物ではない装置は、おそらく設計図面に現
　　れた何らかの著作物の複製とはみなせないことになるでしょう。この点、詳細は田村善之著
　　『著作権法概説・第2版』p.121以下ほか参照。

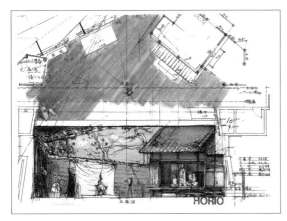

図9｜株式会社パルコ制作舞台『彦馬がゆく』（三谷幸喜作・演出）における堀尾幸男による装置デザイン画

としても、その著作者は舞台装置家となるケースが多いでしょう。よって、いずれのケースでも、装置が登場するイベントを放送局が勝手に中継放送すれば、それは舞台装置家の**放送権**を侵害することになります。また、例えば、数々の賞を受賞し2019年に亡くなった舞台美術家・島次郎さんのデザインした舞台は写真集になっていますが、誰かがその写真集を見て、まったく同じ装置を製作したり、あるいはよく似た装置を製作すれば、それは島さん（遺族）に対する**複製権**や**翻案権**などの侵害になるでしょう。

　さて、装置デザインの著作権は装置家がもつとしても、実際の現場では製作された装置の「所有権」は製作コストを負担したイベントの制作主体がもつ（つまり装置の物理的な持ち主は制作主体である）ケースが多いでしょう。たいていの装置は公演が終われば解体されてしまいますが、なかには再演のために保存しておくケースもあります。この場合、イベントの制作主体が保存しておいた装置を使って作品の再演を行ったり他のイベントに流用するのは自由なのか、舞台装置家の許可がなければ勝手に利用できないのか、という問題がありますが、この点は各論であらためて取り上げることにしましょう（➡ p.176「舞台美術は自由に再演利用できるか？」参照）。

　現実には、まったく舞台装置家の知らないところで装置が利用されてしまうというケースは多くはないと思われます。

舞台美術家❸
―― 舞台衣装家に認められる権利は何か？

衣装デザインは著作物か

　舞台衣装のデザインが装置と同様に著作物か否かには若干の問題がありま
す。というのは、一般に洋服などの大量生産される実用品のデザインは著作
物ではない、と考えられているからです（➡ p.62「著作物とは何か③」参照）。もっ
とも、実用品のデザインでも、美術作品としてもっぱら鑑賞の対象となるよ
うな芸術性を備えたものは、一般に著作物になると考えられています。

　この点、舞台衣装のデザインは舞台表現効果を主眼に行われるものですか
ら、そもそも実用品のデザインとはいえないように思います。表現上の要請
から、きわめて不合理な形の衣装をつくることも、すぐに破けてしまう衣装
をつくることもあり得るでしょうから、通常の意味の「実用性」はそこでは
必ずしも問題とされません。例えば、戦前ドイツのバウハウス時代の美術家
であるオスカー・シュレンマーは、いまでは伝説的となった『トリアディック・
バレエ』という抽象バレエの作品を発表したことがあります。そのなかで自
らデザインした衣装をダンサーたちに着せたのですが、この衣装たるや、例
えば胴体部分は腕も出ないような単なる金属状の球といったものでした。こ
れをダンサーに着せ、「バレエ」を踊らせたのです（➡ 図10参照）。このように、
舞台衣装は通常の意味での「実用品」とは異なるため、創作性のあるものな
らば**美術の著作物**と考えていいでしょう（前述の「もっぱら鑑賞の対象とな
る芸術性」の点からも、こういえそうです）。

　ただし、創作性のないようなありふれたデザインや、すでに存在する服の
デザインをそのまま取り入れた衣装は無論著作物ではありません。よって、
いくら一品製作で視覚的効果を考えたといっても、例えば帝国陸軍軍人の軍
服を忠実に再現した衣装の場合、そのデザインが舞台衣装家の著作物と見ら

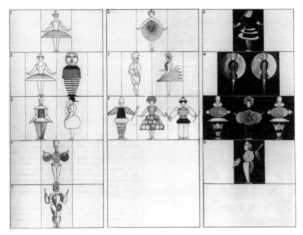

図10｜オスカー・シュレンマー『トリアディック・バレエのための造形プラン』（1922-26年, "Oskar Schlemmer - The Triadic Ballet" Druckhaus Hentrich より）

れる可能性はないでしょう。

　また、言うまでもないことですが、単に既製服を購入して衣装にしたという場合、その既製服をコーディネートした舞台衣装家が既製服について著作権や何らかの権利を得るということは通常は考えられません。ただし、既製服やその他の既製品を非常に独創的に組み合わせて斬新なイメージを生み出したという場合には、例外的に、その組み合わせ自体に著作権が発生するケースがあり得るでしょう。

舞台衣装家に認められる著作権

　著作物にあたる舞台衣装のデザインの場合、その著作権はやはり著作者である舞台衣装家にあるのが通常でしょう。また、デザインに基づいて製作される衣装との関係も、ちょうど装置デザインと実際に製作される舞台装置の関係に似たものになります。つまり、製作される衣装は、著作物である衣装デザインの複製物と見られるケースが多いでしょう。また、仮に完成された衣装が著作物だとみなされるとしても、その著作者は舞台衣装家となるケースが多いでしょう。

　よって、既存の衣装デザインを誰かが勝手にまねをした場合や、製作された衣装を主催者が舞台衣装家の許可なく再演に流用しようという場合には、舞台装置で述べたことと同じ問題が生まれます。

照明家
—— 照明プランは著作物か？

照明プランは著作物ではない？

　一部の屋外のイベントを除いて、ライブイベントに照明はつきものです。単にステージ上を最初から最後まで明るくするだけのものから、各シーンの演出と密接に結びつき、ダイナミックに変化する表現性の高いものに至るまでその内容はさまざまですが、こうした照明のプランニングを担当するのが**照明家**です。照明家は広い意味では舞台美術家に含めて考えることもできるでしょうが、一般社団法人日本舞台美術家協会とは別個に**公益社団法人日本照明家協会**という独自の業界団体を有しています。

　照明家の作業も舞台美術家のそれと似て、まずは脚本やイベント企画に基づいて、演出家やプロデューサーと協議しながら**照明プラン**を練り上げていきます。つくられた照明プラン（「吊り込み図」や「キューシート」に具体化される）に基づき、吊り込み・場当たりなどの準備作業、リハーサルなどを通じた調整を経て、無事に舞台進行を見届けるまでが照明家の仕事といってよいでしょう。当日の照明操作を担当するのは照明オペレーターで、照明家自身が担当することもありますが、必ず照明家が自らオペレーションを務めるというものではありません。

　さて、こうした照明プランは著作物でしょうか。舞台美術との比較で考えれば、照明プラン（または照明デザイン）は、芸術性を目的とした創作的な表現ですから、「**美術の著作物**」と考えるのが自然でしょう。ただ、これには若干の異論もあるようです。

　照明プランを著作物と考えるのに躊躇する人がいるとすれば、第一の理由は、それが表現としてあまりに刹那的なものだからかもしれません。照明とはつまり、ごく長いものでもせいぜい数時間続くだけで、短いものならほん

の一瞬の閃光にすぎないようなものまで含む、刻々と変化する光と影の表情です。例えばデザイン画や製作された装置・衣装が残る舞台美術と比べると、著作物として一つの作品のように扱うのは無理な気がするのではないでしょうか。しかし、映画の著作物を除いては、著作物であるためには紙やメディアに固定されている必要がないことはすでに述べました（⇒ p.62「著作物とは何か③」参照）。即興の音楽や即興の講演も立派な著作物です。そうであれば、短いタームで移り行く光と影のデザインが著作物であってはならない理由はないでしょう。

🔑 著作物に相当する照明プランとは

　照明プランが著作物であると考えるのに躊躇を感じる理由がほかにあるとすれば、照明プランが、定石的な決まった表現の組み合わせ・再利用という傾向の強い表現ジャンルだからかもしれません。たしかに、ある青の出し方とか背景幕の美しい「染め方」は、創作的な表現というよりはむしろ「手法」と呼ぶべきもので、料理のつくり方などに近いものです。こうした「手法」は一般的には著作物ではありません。

　照明プランとはつまり、こうした共通の手法や定石的な表現の組み合わせの性格が強い職人芸の世界であって、創作的な表現は少ないといえるならば、たしかに著作物にあたる照明プランはあまりない、という根拠にはなるかもしれません。また、照明は劇場機構や利用可能な機材による物理的な制約を受けやすいことも事実です。

　しかし、物理的な制約のなかで行わなければいけないのは、ほかの芸術表現でも一緒でしょう。また、実際には、定石などではとてもくくれないような、独創的で芸術的な照明デザインは数多く見られます。こうした照明プランについて、著作物でないと考える理由はないように思います。

　著作物と呼ぶにふさわしい照明プランであれば、公演での表現は前項までで述べた舞台美術のデザインと同じように、保護されることになります。例えば、照明プランナーの許可なく公演を録画すれば複製権の侵害となるでしょうし、無断で公演をテレビ中継すれば照明家の公衆送信権を侵害していることになるでしょう。

実演家❶
——「実演家の権利」が認められる実演家とは何か？

実演家に認められる権利

　およそあらゆるライブイベントに欠かせない最低限の要素、あるいは最低限に近い要素は、「観客」を除けば「**出演者**」（**パフォーマー**）でしょう。俳優・ダンサー・歌手・演奏家・落語家・漫才師から大道芸人、講師・パネリストとしての文化人・専門家まで、じつにさまざまなパフォーマーがライブイベントには登場します。

　こうした出演者は、シンガー・ソングライターのように同時に著作者の役割を兼ねている場合を除いて、著作権法でいう著作者と見られ、著作権を与えられるということはありません。

　しかし、出演者には、**著作隣接権**という著作権とは似て非なる権利、より正確にいえば「**実演家の権利**」というp.84～87で紹介した権利が認められることがあります。これは、端的にいえば著作権より守備範囲は狭いものの、これと同種の禁止権といえます。（他方、文化系のイベントに講師やパネリストとして研究者・文化人が登壇する場合、通常彼らは実演家とはみなされず著作隣接権ももたないでしょうが、むしろそのトークの内容は「言語の著作物」となり著作権が生まれるでしょう。➡ p.58 参照）

実演家とは

　実演家の権利を認められる「**実演家**」としては、まず**俳優・ダンサー**があげられます。具体的には、俳優・ダンサーの行う個別の演技や舞踊が「実演」と見られ、こうした実演ごとに実演家の権利が発生します。ちょうど個別の作品が著作物と見られ、著作物ごとに著作権が生まれるのと似ています。

　注意したいのは、例えばある俳優が、1週間7ステージにわたって同じ舞

台作品で同じ役割を演じたとしても、その7回の演技それぞれが別な「実演」とみなされるということです。実演というのは、あくまでもそのとき、その場所で行われた個別の演技や舞踊ごとに考えるのです。

　実演家の権利は、必ずしもプロの俳優やダンサーにだけ認められるものではありません。例えば、ある脚本やダンス作品を演じたり踊る限りにおいては、アマチュアでも原則として実演家の権利は認められます。

　音楽系イベントでいえば、**歌手・演奏家**が実演家です。つまり、歌手・演奏家の歌唱や演奏が「実演」と見られ、実演家の権利が認められます。俳優の場合と同様に、たとえ同じ曲を同じアーティストが歌っても、歌うたびに別の実演が生まれ、別の実演家の権利が生まれたと考えます。

　複数のメンバーからなるバンドは、実演家の集団と考えます。彼らが集団で歌唱や演奏を行う場合には、「**共同の実演**」と考えて、一つの共同実演に対する実演家の権利を複数のメンバーが共有しているとみなされるケースが多いでしょう。同様に、オーケストラは、マネジメント機能なども内包していますが、原則として指揮者と演奏家からなる実演家の集団と考えられます。

　実演家の権利は必ずしもプロにだけ認められるものではない、と述べました。よって、アマチュアやセミプロの方の歌唱や演奏にも、基本的に実演家の権利は発生します。それでは、カラオケでの歌唱はどうでしょうか。多少の疑問はありますが、およそ「著作物を演じている」とはいえないようなレベルのものを除けば、やはり実演であり、理論的には実演家の権利が生まれる、と考えるほかないでしょう。

　上記のほか、著作物を演じていなくても、「これに類する芸能的性質を有するもの」は実演です。代表的なものでは、落語・漫才・手品・紙切りなどの**演芸**、サーカスや大道芸に見られる**曲芸**などが実演です。

　こうした実演家は、例えば俳優は協同組合日本俳優連合（日俳連）や公益社団法人日本俳優協会（日俳協）のように、それぞれ実演のジャンルごとに業界団体（実演家団体）を組織しています。こうした組織を束ねるのは、**公益社団法人日本芸能実演家団体協議会（芸団協）**で、会員数でいえば、わが国の芸術関連団体中、群を抜いて巨大な規模をもつ組織です。

実演家❷
—— スポーツ選手に「実演家の権利」はあるか？

スポーツショーは実演か

前述のとおり、実演とは「著作物を演じるか、これに類する芸能的性質をもつ行為」を指しますから、いくら俳優や歌手でも、例えば彼や彼女が友人たちと談笑している姿は、明らかに実演ではありません。また、ごく淡々とインタビューに答える姿を実演というかも疑問です。

他方、はっきり実演家から除かれているのは**スポーツ選手**です。なぜなら、スポーツの試合自体は「創作的表現」ではありませんから一般に著作物ではなく、よってスポーツ選手は著作物を演じてはいないし、また、彼らのプレーは芸能的行為ともいいにくいからです。

それでは、スポーツ的要素をもつが、競技とはいえない各種のスポーツショーはどうでしょうか。例えば、アイスショーやモトクロスバイクのショーがありますが、これらはそもそもスポーツ競技として行われているのではなく、その表現や技巧の妙で観客を楽しませることを目的に行っていますから、「**芸能的性質**」をもっていると考えていいように思います。おそらく、こうしたショーでの「演技」は実演であり、実演家の権利が認められると考えられるでしょう。

スポーツ選手でも「実演家の権利」が認められることはあるか

ではさらに進んで、まぎれもないスポーツ競技ではあるものの、芸術的要素が強いものはどうでしょうか。例えば、フィギュアスケート競技、アーティスティックスイミング競技などの「アーティスティック・スポーツ」です。

ご存知のとおり、これらの競技の採点項目には「技術点」のほかに「芸術点（表現点）」があります。各競技の芸術点が、ある種の美観や個性を考慮

に入れて優劣をつけているのは間違いないでしょう。こうした採点基準以前に、フィギュアスケートやアーティスティックスイミングの競技が、ときにきわめて高い芸術性を有することに異論のある方は少ないはずです。

　そもそもフィギュアスケートやアーティスティックスイミングの演目は、音楽に合わせてさまざまな型がつけられ、そのバリエーションも相当な数にのぼります。こうした動きを、元フィギュアスケーターで気鋭の知財研究者である町田樹さんは、著書で「任務動作」と「任意動作」に分類しました★12。とくに任意動作は選択の幅が広く、少なくとも重要な部分で「表現性」を目的としているといえます。そうであるならば、このような任意動作の「型」自体が、ダンスの振付と区別する必要はないもので、**振付の著作物**と考えるのが自然なように思えます。

　フィギュアスケートやアーティスティックスイミングの動きが振付の著作物なら、それを実践する各競技の演技は、（そもそも「演技」と呼ばれていることからしても）「著作物を演ずること」ですから、やはり実演として守られる、と考えてよさそうです。

　このように、スポーツ選手の権利というと、本書ではほとんど取り上げない「肖像権」が通常注目されますが、ジャンルによっては著作権や著作隣接権での保護も認められる余地は十分にあるように思います。

　それでは、さらに進んで「プロレス」はどうでしょうか。仮にそこに筋書きがあるのであれば、「著作物を演じる」とはいえないまでも「それと似た芸能的性質」はありそうですから、あれほどのエンタテインメントであることでもあるし、プロレスラーを実演家と呼ばない理由はなく、彼ら／彼女らの「演技」を実演と認めない理由はないように思いますが……。本人たちが「実演家」と呼ばれることを望むかどうかという問題を含めて、本書ではこのくらいにしておきましょう。

★12　町田樹『アーティスティックスポーツ研究序説：フィギュアスケートを基軸とした創造と享受の文化論』（白水社・2020 年）参照。

実演家❸
—— 実演家に認められる権利は何か？

「実演家の権利」がはたらく場面

　さて、俳優・ダンサー・歌手・演奏家など、その演技・舞踊・歌唱・演奏が実演と認められれば、彼や彼女には実演家の権利が生じます。これは、その個別の実演について、著作権と同様に、一定の利用を禁止する**禁止権**が中心です（➡ p.84 ～ 87「著作隣接権とは何か②・③」参照）。

　つまり、実演家には**録音・録画権**がありますから、実演家の許可なく実演を録音・録画することは著作隣接権の侵害となります。ですから、例えばあるバンドのコンサートを勝手に録音したり録画しようとすれば、録音・録画権の侵害です。また、こうした録音・録画物をコピーしてブートレッグ盤（無断収録による海賊盤）を勝手に製造するのも、無断の「増製」ですから録音・録画権の侵害となります。これらのブートレッグ盤を公に販売することは**譲渡権**の侵害です（➡ こうした権利侵害を受けた場合に実演家側がとれる措置については p.108「著作権の侵害とは②」参照）。

　また、実演家には**放送権**や**送信可能化権**がありますから、舞台公演など、実演が含まれるイベントを勝手に放送・配信することはこれらの権利の侵害となります。つまり、例えばテレビ局があるライブイベントを中継放送しようとすれば、（他の権利者と並んで）原則として実演家全員の承諾を得なければいけないことになります。

　ただし、この放送権・送信可能化権等には俗に「**ワンチャンス主義**」と呼ばれる例外があって、例えば一度実演家の許諾を得て録音・録画された実演については、それ以後放送権・有線放送権ははたらきません（➡ p.85 表7参照）。ですから、実演家は自分の実演が録音・録画されるときには、その点を納得したうえで（あるいは用途についてきちんと約束したうえで）、録音・

録画を了承する必要があります。

　上記のほか、実演家には自分の実演について、放送・有線放送された際の報酬請求権や、商業用レコードの二次使用料請求権という「**報酬請求権**」が認められますが、これは p.85・86 で説明しましたから、そちらを参照してください。

　最後に、実演家には「**実演家人格権**」として、「**氏名表示権**」と「**同一性保持権**」が認められています。ですから、一定の条件のもとで、自分の実演が利用される場合にクレジット表記を求めたり、人格を害するような形での実演の改変利用を禁ずることができます。

 ## プロダクションと実演家の関係

　実演家の権利は（人格権を除いて）著作権と同じように当事者の意思で**譲渡**することができます。プロの俳優や歌手・ミュージシャンは、芸能プロダクションや音楽プロダクションに所属しているケースが多いでしょうが、こうしたプロダクションと俳優・歌手などとの間には、「**専属マネジメント契約**」といったタイトルの所属契約が結ばれており、所属期間中の実演家の権利についてはアーティスト側からプロダクションに譲渡されることになっているケースも少なくありません。

　権利の譲渡が行われれば、当然、実演家の権利の保有者は譲渡先となり、そうした新権利者が実演家の権利を行使することになります。

2 ライブイベント・ビジネスの各プレーヤーと著作権

プロデューサー／主催者❶
――プロデューサーと制作スタッフ

本来的な「プロデューサー」の職務

　映像など他のジャンルでもよく指摘されることですが、ライブイベントの
ジャンルでも「**プロデューサー**」という用語はさまざまな意味で使われてお
り、またさまざまな意味で理解される役割です。

　ここで、最も本来的で世界共通の「イベント・プロデューサー」の職務を
描写してみせるとすれば、映像製作における「プロデューサー」に近いもの
でしょう。すなわち、イベント全体の（少なくともビジネス面における）全
体的統括者、という意味です。この意味での「プロデューサー」はイベント
の企画から実施に至るまで、すべての作業の統括責任者です。イベントの企
画とは、実施演目、主要な出演者やスタッフの選定、実施時期と場所の決定、
予算と資金計画の策定、などを含む作業でしょう。

　こうした企画内容に従い、原作などイベント実施に必要な権利の獲得交渉、
出演者やスタッフとの契約交渉、さらに希望の実施時期におけるホールなど
の会場の押さえ、（共同主催者やスポンサーといった）資金提供者との交渉を、
予算をにらみつつ主導するのがプロデューサーです。

　おおむね交渉が整い、「座組み」がそろったところでイベントの製作発表
を行い、イベントの制作と宣伝広報・営業が始まりますが、こうした制作と
営業面双方を、各種のクリエイティブ・スタッフやビジネス・スタッフと連
携しながら主導していくのもプロデューサーです。

　制作進行過程におけるさまざまな障害に対処し、無事に（ときにはあまり
無事でもなく）これを切り抜け、イベントが当日を迎えれば、プロデューサー
は来場者の受付・案内などの「表方」を統括し、イベント内容面の進行を取
りしきる舞台監督や演出家といった「裏方」と連携しつつ、当日の運営全体

に責任を負います。そしてイベント終了後は、その精算や各種の後片づけが終了するまでがプロデューサーの仕事となります。

つまり、プロデューサーとは、（おそらくより本来的な意味では）**イベントの企画・制作・宣伝広報・会計・運営の全部門の統括責任者**といえるでしょう。

もっとも、日本では、スタッフの職能としては「**制作**」という用語の方がより一般的です。これは本来的な「プロデューサー」と同義の場合もあれば、統括責任者の意味合いが薄れ、上記の（非技術系の）実務を担うスタッフを広く意味する場合も多いでしょう。「プロデューサー」のもとに、実務を担う「制作」が（「票券」「広報」などと並んで）クレジットされることも少なくありません。

作　＝エウリピデス
修　辞＝高橋睦郎
蜷川幸雄＝演出
平幹二郎＝主演
衣　裳＝辻村ジュサブロー
装　置＝中越　司
照　明＝吉井澄雄
効　果＝本間　明
振　付＝花柳錦之輔
振付補＝水品　崇
演出補＝村井秀安
舞台監督＝明石伸一
監　修＝朝倉　摂
プロデューサー＝中根公男／高屋潤子
製作＝ポイント東京

図11｜『王女メディア』世田谷パブリックシアター公演（1998年）におけるリーフレット表面のスタッフ表記とサイズ

 増殖する「プロデューサー」

さて、上記は個人スタッフの役職として「プロデューサー」というときの、よりふさわしい本来の意味です。しかし現実には、こうした役職とはかなり無縁な方々が「プロデューサー」と印刷された名刺をもって活動しているケースを目にします。

例えば、俳優や歌手の個人マネジメントを担当している方が、「マネージャー」と名乗る代わりに「プロデューサー」と名乗り、また、海外のカンパニーとの仲介役を務めたフリーランスのスタッフが、「コーディネーター」の代わりに「プロデューサー」という記載をプログラムに求めるケースです。この結果、「プロデューサー」という役職の内容や守備範囲は、かなり曖昧なものとなっているのも実態です。

プロデューサー／主催者❷
──「プロデューサー」「制作主体」「主催者」

経費負担者としてのプロデューサー

さて、前項では主に個人の役職としての「プロデューサー」を念頭におい
て書きましたが、上記の役職に加えて重要な「プロデューサー」の意味合い
として、「イベントの経費を負担する者」という意味が含まれることがあり
ます。

映画の場合、著作権法でも個人の役職を"衣"のない「制作者」と記載し、
製作費を負担して製作に最終責任を負う映画プロダクションなどを"衣"の
ある「製作者」と記載して両者を区別し、権利のうえでも違った取り扱いを
しています。簡単にいえば、「制作者」は映画の著作者のひとりとなり、「製
作者」は多くのケースで映画の著作権者となります。

イベントでもこれと似たケースがあり、大きな会社がイベントを制作・実
施する場合、当日のプログラムには特定の社員名やときには外部スタッフ
名が「プロデューサー」として記載され、他方、「企画・制作」とか「製作」
としてその会社名が記載されることが少なからずあります。

この場合、イベントの経費を負担しているのは会社であり、イベント実施
を機関決定したのも会社でしょう。個人としてクレジットされた「プロデュー
サー」は会社の社員として、あるいは会社から委託を受けた外部スタッフと
して、企画・制作・宣伝広報・会計・運営の全部か一部を担当した、と考え
るのがおそらく通常の理解です。乱暴な比較ですが、前者は映画における「製
作者」であり、後者は「制作者」である、といえるかもしれません。

しかし、業界実態として、「プロデューサー」という用語は主に個人スタッ
フの役職として使われている現状がありますから、本書では「プロデュー
サー」と単独で使った場合には個人スタッフ職としてのプロデューサーを指

すことにして、経費負担者であるプロデューサーを意味するときには、比較的用いられている「**制作主体**」と記載することにしましょう。

🔑 「主催者」と「制作主体」

　いわゆる「主催者」と「制作主体」との関係もときに曖昧です。前述のとおり、「制作主体」とは、イベントの経費を負担し、その収支のリスクを負う存在です。ただし、こうしたリスクのうちでいわゆる「興行リスク」、つまりチケット販売などの収入面のリスクについて、地方のプロモーターや公共ホールといった別の団体が引き受けることがあります。

　イベントはその収入の多くをチケット売上、つまり客足に依存していますので、収入構造は通常かなり不安定です。こうしたイベント収入が経費を上回って黒字になれば利益を得、逆に収入が経費を下回って赤字になれば損失をこうむる存在（つまり興行リスクを負う存在）を、そのイベントの「**興行主**」とか「**主催者**」といいます。もっとも、実際にはまったく名目だけの主催者（いわゆる名義主催）も少なくありません。

　「ライブイベント・ビジネスを概観する」で紹介した「**自主興行**」とは、イベントの制作主体が自ら興行リスクを負って主催者となるケースです（➡p.12 参照）。つまり、〈**制作主体＝主催者**〉となるケースですね。他方、「**売り興行**」と呼ばれる形態では、イベントの制作と実施に責任を負うのはあくまで制作主体ですが、興行面、つまり収入面でのリスクは地方プロモーターなどの「主催者」が負っていることになります。つまり、〈**制作主体≠主催者**〉のケースとなります。

プロデューサー／主催者❸
──プロデューサー／制作主体に認められる権利とは

 欧米のプロデューサーと日本のプロデューサー

　前述のとおり、ライブイベントの創造と実施におけるプロデューサー／制作主体の存在は決定的なものです。ブロードウェイやロンドンのウェストエンドを例にとれば、クリエイティブとビジネス両面においてプロデューサーはその中心に位置し、そのような扱いを受けます。

　例えば、ミュージカルの最高峰『レ・ミゼラブル』のプログラムをめくれば、キャストの紹介以前に「クリエイティブ・チーム」の紹介ページがあり、その冒頭に登場するのは当然のごとく、プロデューサーであるサー・キャメロン・マッキントッシュです。「サー」の称号があるのは、『キャッツ』『オペラ座の怪人』『レ・ミゼラブル』などの大ヒットミュージカルを 1980 年代に次々と送り出したこの大プロデューサーが、その功績により 96 年に英国で「ナイト」に叙せられたからです（ポール・マッカートニーへの授与の前年）。

　しかし、日本においては、対外的にプロデューサーが演出家らと同格の扱いを受けることは比較的まれです。例えば、多くのイベント情報メディアには、驚くことにいまだにプロデューサーの名を掲載するという習慣はありません。プロデューサーは「日陰」の存在といっていいでしょう。その原因は、実際にビジネスとクリエイティブ両面を主導するというほどの役割を果たせていないプロデューサー／制作が多いことにあるのも事実でしょうし、単に歴史的慣行の影響による部分もあるでしょう。こうした状況をとらえて、「ライブイベント産業のさらなる活性化のためには、プロデューサーの育成と権利擁護が急務」という指摘もあります。

図12｜プロデューサー・制作主体・主催者

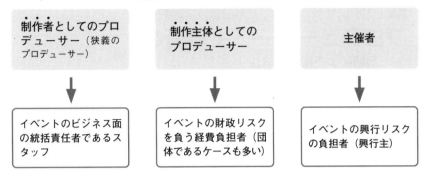

(注)　上記は本書の整理で、実際には各用語はジャンルによってさまざまな意味に使われています。

プロデューサー／制作主体に認められる権利は？

　では、ライブイベントにおけるプロデューサーや制作主体は、著作権法上はどのような権利を認められてきたのでしょうか。

　この点はおそらく、**何も認められてこなかった**という解釈が有力でしょう。すでに述べたとおり、現行の著作権法はイベントそのものを1個の著作物とは見ておらず、イベントとは、舞台美術や音楽といった個別の著作物が同時に上演・演奏されている行為の総体、というのがおそらく従来から有力な解釈でした（➡ p.126「演出家①」参照）。

　このような立場に立った場合には、先に述べた演出家と同様、プロデューサー／制作主体も何らかの個別の著作物を創作したとはいいがたいので、著作者としての扱いを受けるのは困難でしょう。

　まさに、「さまざまな要素が有機的に結びついたイベント」自体を著作物と考えない限りは、プロデューサー／制作主体が当然に著作権を認められるのは難しいように思います（当然、主催者はなおさらです）。つまり、「権利者」ではなく、それぞれの著作者たちから、美術や脚本といった著作物の利用許可を受けて上演をしている「利用者」にすぎないという理解です。よって、もしも権利を確保しようと思うなら、クリエイターや出演者との契約を利用せざるを得ないことになりそうです。

プロデューサー／主催者❹
──契約による権利の確保

 クリエイターらとの契約による権利の確保

　現行法での保護が期待しにくい状態において、プロデューサー／制作主体や主催者が何らかの権利を確保する手段は、各クリエイターらとの契約だけです。そもそも、プロデューサー／制作主体や主催者は、劇作家、作詞家・作曲家、振付家、舞台美術家といったクリエイターとの関係では、彼らの著作物を許可を得て利用しているという意味で「利用者」の立場です。利用許諾を受けた者を「ライセンシー」といいますが、彼らは各クリエイターとの関係ではライセンシーということになります。この点は、プロデューサーらに著作権法上何らかの権利が認められようが認められまいがおそらく同じです。

　そのライセンス契約上、プロデューサーらが各クリエイターから一度のイベントについての脚本・音楽・振付などの利用許諾を受けただけであれば、プロデューサーらにはそれ以後の脚本・音楽・振付などの利用権はありません。よって、例えばプロデューサーらが同じイベントを再演したいと思えば、各クリエイターからあらためて利用の許可を得るほかありません。

 「独占的上演権」の活用

　加えて、プロデューサーらには著作権法上何の権利もありませんので、ある大成功したイベントとまったく同じ作品・音楽・美術・出演者を使って別な主催者がイベントを再演しようとしても、初演のプロデューサーらは法的な権利がないため何らのクレームもできないことになりそうです。初演の大成功にとって、いかにプロデューサーらが決定的な役割を果たしていたとしても、再演を止める手段はないことになります。

図13 | ライブイベントのプロデューサー／制作主体と類似するプレーヤーとの比較

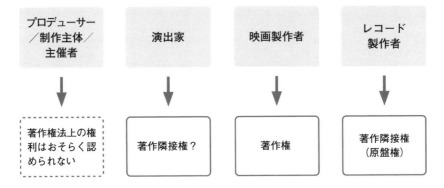

そこで、こうした事態を回避して、ある程度の範囲で権利を確保するために、プロデューサーらは**各クリエイターや出演者との契約を活用する**ことがあります。具体的には、例えば新作脚本の書き下ろしを劇作家に委嘱した場合、「当該脚本については初演から3年間の国内での独占的上演権をプロデューサーが確保する」といったことが想定されます。こうした**独占的上演権**が続く間は、初演プロデューサーらは自由に作品の再演を行うことができますし、劇作家は初演プロデューサーらの同意なく第三者に作品の再演を許可できないことになります。

　一般社団法人日本劇作家協会と公益社団法人日本劇団協議会との間で合意された**統一モデル契約書**では、新作委嘱の場合に3年間の脚本の独占的上演権が制作主体に与えられています（➡ p.230「巻末資料」参照）。

ライブイベント・ビジネスの著作権
【実践編】

企画の無断使用・流用

　ある人が新しいメディア・ネット連動のセミナーイベントの企画を考えて企画書を放送局に持ち込みました。企画は採用されなかったにもかかわらず、後日、その企画を具体化したとしか思えないようなイベントが、かつて企画書を持ち込んだ放送局によって実施されていたとします。この場合、最初の発案者は、著作権侵害の主張などを放送局に対して行えるでしょうか。

著作物性は認められるか

　著作権侵害が成立するためには、自分が創作した「著作物」が、許諾を得ていない他人によって利用されている必要があります。この点「著作物とは何か③」（➡ p.62）で説明したとおり、著作物を創作したといえるためには、単なるアイディアを発案するだけでは足りず、**具体的に表現する**ことが必要です。持ち込んだ企画がどの程度具体的なものかにもよりますが、あくまでもアイディアのレベルでまねされたにすぎないとすると、著作物が利用されたとは認められません。したがって、相手のイベントについて著作権侵害の主張をすることはできません。

　ただし、持ち込まれた企画書をベースにイベントを実施しただけではなく、例えば、放送局が、企画書の大半をコピーしたうえで、それをイベントのスポンサー探しのために、候補者に交付するといった利用をしていたとします。その場合には、企画書の全体は文章などの「表現」なので、内容が創作的ならば著作物であると認められる可能性が高く、それをコピーする行為は、企画書という著作物自体の**複製権侵害**になる可能性があります。

契約責任や不法行為責任の余地

　では次に、もし、上記のように企画書そのものをコピーするといった行為

はなく、あくまでも企画書をベースないし参考にしただけで、イベントの具体的な表現面は放送局が創作したとすると、法的に何らかの責任追及をすることは難しいでしょうか。この点、企画書を持ち込んだ際に、放送局との間で、企画内容を無断に利用しないという内容の契約でも交わしていれば、その**合意違反（契約違反）**の責任追及を行える可能性があります。

　また、そのような契約がなかった場合でも、例えば、先方の担当者に詐欺的な言動があって、そのために企画書を預けてきてしまったというような事情でもあれば、放送局の**不法行為責任**を追及できる可能性があります。

米国における訴訟の例

　このような企画をめぐるトラブルに関して法律相談を受けることは日本でもよくありますが、裁判にまで至る事案はほとんどありません。この点、訴訟大国といわれる米国では、多数の裁判例が存在します。

　映画やテレビの業界用語で、単なる「あらすじ」より詳しく、脚本よりは簡略なものを**トリートメント**や**シノプシス**などといいます（➡ p.174）。このトリートメントを映画製作の際に流用されたとして訴訟に発展する事案が結構多くあります。例えば、「ズートピア」、「ターミネーター」、「マトリックス」、「ピンクパンサー」、「ロッキーⅣ」といった作品では、トリートメントの流用を根拠とした訴訟が起こされました。結論的には、いずれの事案においても、裁判所は著作権侵害を認めませんでした。ただし、トリートメントといっても、相当簡略なものであれば、詳しい審理をするまでもなく（両作品はアイディアしか共通していないとして）原告敗訴の結論を導けるでしょうが、裁判例のなかには、原告側のトリートメントと被告側の映画作品の類似性の有無を詳細に検討したうえで類似性はないと判断した例もあります（「ロッキーⅣ」など）。被告の立場からすれば、結論に至るまでの訴訟対応に、相当な時間と費用を要したと思われます。

　訴訟のリスクをなるべく少なくする観点からは、第三者の作成したトリートメントを見た場合には、正式に許諾を得て利用するか、あるいは筋を大きく変更して、類似しているといった主張を後に受けないようにするといった配慮が重要でしょう。

原作と著作権❶
──原作の利用許諾を得る方法

　人気小説を利用して新たな脚本をつくる場合やマンガのキャラクターを着ぐるみにしてイベントに登場させる場合などには、すでに存在する原作の著作権者から、利用についての許諾を得る必要があります。

😈 原作者がもつ権利を確認する

　原作者には、原作について、著作権としての**複製権**、**上演権**、**翻案権**、**二次的著作物の利用権**などがあります（➡ p.64 〜 70「著作権・著作者人格権とは何か①〜③」参照）。また、著作者人格権として**氏名表示権**、**同一性保持権**などの権利があります（なお、すでに原作は公表されているでしょうから、著作者人格権のうち、公表権はかかわってこない場合が多いでしょう）（➡ p.71「著作権・著作者人格権とは何か④」参照）。原作の利用は、原作者がもつこれらの権利にふれる可能性があるため、無断で利用すると著作権侵害あるいは著作者人格権侵害になってしまうおそれがあります。

　では次に、利用許諾を得る方法について、検討する手順に沿って考えてみましょう。

😈 原作の保護期間を確認する

　まず、利用したい原作の**著作権の保護期間**を確認します。「死後の保護と保護期間①」（➡ p.99）で説明したとおり、著作権には保護期間があり、保護期間がすでに切れていれば自由に利用することができます。例えば、シェイクスピア（1616 年没）の作品は保護期間がすでに切れていますから、自由に利用することができます（このように保護期間が切れて社会共有の財産になった状態を**パブリック・ドメイン**といいます）。ただし、シェイクスピアの作品自体は保護期間が切れているものの、シェイクスピアの作品を下敷き

にして最近書かれた脚本をそのまま利用する場合や、シェイクスピア作品の翻訳を利用する場合には、劇作家や翻訳者の著作権がかかわってくる可能性があります。したがって、脚本の作家や翻訳者が生存しているか、亡くなっているとすると、それがいつかなどを調べて、利用したい著作物の保護期間が切れているか否かを調べます。

権利者を確定する

　利用したい作品について、具体的に**誰が権利をもっているか**を確定する必要があります。例えば、原作が外国作品で、その翻訳を利用する場合には、外国作品の原作者と翻訳者がそれぞれ著作権者です。原作の著者（著作者）が著作権を譲渡していれば、譲渡を受けた人が著作権者になりますし、譲渡がなかったとしても、著作者が亡くなっていれば、著作者の相続人が著作権を相続していることになります。著作権の譲渡があった場合でも、著作者人格権は著作者に残っているため（➡ p.71「著作権・著作者人格権とは何か④」参照）、作品の内容を改変するならば、著作者からも同意を得るのが通常です。

　相続によって複数の相続人が生じている場合や、外国作品の原作者と翻訳者がいて、両者がいずれも亡くなっており、相続が発生している場合など、許諾を得る手続はかなり複雑になることもあります。

　権利者を調べるにあたっては、著作者の直接の連絡先がわかれば、著作者に連絡をとればよいのですが、わからない場合には、利用したい原作の小説なり脚本なりを出版している会社や、関与した出版エージェントに問い合わせるなどの方法をとることになります。

原作と著作権❷
——原作利用の注意点

　ここでは、原作利用の注意点を個別事例に沿って説明します。

原作小説から脚本をつくり、上演する場合

　ある小説家の原作小説をもとに劇作家が創作した脚本を上演する場合、劇作家から脚本上演の許諾を得るだけではなく、小説家からも許諾を得る必要があります（➡ p.68「著作権・著作者人格権とは何か③」参照）。脚本を上演台本にする過程で内容を変更する場合には、脚本家と小説家の**翻案権**や、場合によって**同一性保持権**（➡ p.71、前掲④）がかかわってくるため、内容変更について小説家と脚本家の両方から許諾を得るのが原則です。小説家も脚本家も**氏名表示権**をもつため、それぞれの氏名をポスターなどに表示します。

映画から舞台作品をつくる場合

　ビジュアル面など映画のさまざまな要素を利用して舞台作品をつくる場合には、映画のシナリオライターからの許諾に加え、映画の著作権者の許諾を得る必要があります。映画は総合芸術といわれるように、映画監督をはじめとして、撮影担当・美術担当など多数の創作者が関与しています。この点、日本の著作権法では、映画の著作権は一括して**製作者**（一般的には映画会社）に帰属するのが原則です。ですから、映画の利用については映画会社の許諾を得ればよいのですが、映画監督や撮影監督、美術監督なども、著作者として**著作者人格権**をもっています（➡本シリーズ『映画・ゲームビジネスの著作権（第2版）』p.127、133を参照）。したがって、舞台をつくる過程で大きく内容変更をする場合など、同一性保持権がかかわる場合には、それら著作者からも許諾を得ます。さらに、上演にあたって作成するチラシやパンフレットには、それら著作者の氏名を表示することが必要になってきます。

　また、シナリオに原作小説が存在する場合、原作者は**二次的著作物の利用権**をもつので、シナリオライターに加え、原作者の許諾も得る必要があります。

🎭 マンガや絵本に登場するキャラクターの着ぐるみやコスプレを、イベントに登場させる場合

　マンガや絵本に登場するキャラクターの着ぐるみやコスプレ衣装をつくって、イベントに登場させる場合（あるいは舞台に登場させる場合も同じです）、マンガ家や画家から許諾を得る必要があります。もっとも、オリジナルのキャラクターのコスチューム等が創作的とはいえない場合や、あるいは創作的でも、イベントでの利用におけるコスチューム等がオリジナルとは異なり、キャラクターを連想させるレベルにとどまる場合などには、アイディアの利用にとどまる（したがって著作権侵害はない）とされる場合もあるでしょう。形式的には著作権侵害にあたる場合でも、キャラクターが登場する文脈や時間などによっては、いわゆる**寛容的利用**として許容されるのが妥当ではないか、と考えられる場合もあるでしょう（➡ p.187 の脚注★ 15 も参照）。

　ところで、マンガにマンガ家とは別に原作者がいる場合には要注意です。キャラクターが原作とまったく無関係なイベントに登場するなど、マンガのストーリー自体はまったく利用しない場合でも、マンガに原作者がいる場合には、**原作者の許諾も必要**とするのが現在の日本の裁判所の立場だからです。

🎭 二次利用をする場合の注意点

　原作を利用した舞台上演やキャラクターが登場するイベントをビデオ録画、テレビ放映、インターネット配信、DVD 販売など二次利用する場合、原作者のどのような権利がかかわってくるでしょうか。

　こうした脚本やキャラクターは原作の一部かその二次的著作物なので、利用にあたっては原作者の利用権がかかわってきます。利用権の具体的な内容として、ビデオカメラによる録画は**複製権**、テレビ放映やインターネット配信は**公衆送信権**、DVD の販売は**複製権**や**頒布権**がかかわります。原作者は、DVD の販売はよいが、インターネット配信は認めないなど、権利の種類ごとに判断できますので、具体的な利用方法を示して許諾を得ます。

歴史に取材した作品をつくる場合の注意点

　フィクションとノンフィクションのジャンルがあるように、実在する話を題材にした小説や脚本は多数存在します。歴史を取材した場合や、先行するノンフィクション作品を参考にする場合、劇作家が脚本を書く場合などの注意点を検討してみましょう。

「歴史的事実」を題材にした作品を参考にする場合

　「著作物とは何か②」（➡ p.60）で説明したとおり、歴史的事実それ自体は、誰が創作したものでもないので、著作物ではありません。もっとも、歴史的な事実は、自分では経験していないわけですから、歴史上の人物が実際に書き残した手紙などの史料を直接調査する場合を除くと、事実を題材にした歴史小説・テレビドラマ・映画などの要素を取り入れることもあるでしょう。

　これらの歴史小説・ドラマなどは、歴史を題材にしたものとはいえ、作者が歴史的事実の特定の部分を拾い上げ、具体的な台詞をつけたり、シーンを設定したりするなど、ディテールを創作しているのが通常なので、著作物にあたります。したがって、他者の作品から歴史的事実だけを抽出するなど、単に参考にするだけならよいのですが、それらの著作者が創作した表現を無断でそのまま取り入れると、著作権侵害になってしまうおそれがあるので注意が必要です。

　例えば、『忠臣蔵』は、赤穂浪士が吉良上野介に主君の仇討ちをした歴史的事実を題材にしており、日本人に好まれているストーリーです。これまで、さまざまな人によって、繰り返し小説やテレビドラマや映画にされてきました。そのなかで、赤穂浪士の主君である浅野内匠頭が、同人に嫌がらせをした吉良上野介を松の廊下で小刀で切りつけ、その場にいた者が止めに入ったというエピソードはとくに有名です。公演をつくる際に、このシーンを使っ

たからといって、誰かの著作権侵害にはならないでしょうし、また、松の廊下がどのようなつくりであったかを調べ、それを忠実に再現した場合には、既存の『忠臣蔵』作品の松の廊下とそっくりになったとしても他者の著作権侵害にはならないでしょう。

　しかし、そのようなレベルにとどまらず、歴史的事実としての『忠臣蔵』の事実経過を超えて、とりあげる細かいエピソードがまったく同じであったり、多数の台詞も同一であったりして類似する場合には、他者がすでに公表した『忠臣蔵』の著作権侵害になる可能性があります。

🎭 ノンフィクションを参考にする場合

　歴史的人物が書いた日記、あるいはその人物が他者から受け取った手紙などを綿密に調査し、その人物の言動をまとめた研究書でも同様です。研究書のとおりの時間・場所に、彼／彼女がかつて存在し、移動などしていた点を忠実に反映したうえで、人物の台詞などは想像で創作した脚本をつくった場合には、その研究書の著作権侵害の問題にはなりません。たとえ研究書を作成するために研究者が膨大な手間や時間をかけていたものであるとしても同様です。これは、著作権が保護しているのは**創作的表現**であって、事実ではないからです。

　先行するノンフィクション作品がある場合に、同じ題材で別の作品がつくられ、先行作品の著作者が著作権侵害を主張して訴訟になったケースは、少なからず存在します。例えば、中国残留孤児としての自らの体験を作品にした小説の著作者が、『大地の子』を著した山崎豊子さんを著作権侵害で訴えた事案（東京地裁2001年3月26日判決）などがあります。裁判所は、歴史上の事実やアイディアのレベルでは原告作品と被告作品とで共通部分があるものの、表現上の特徴は異なるとして、著作権侵害を否定しています。

　なお、先行する作品の有無にかかわらず、実在する人物を描いた作品を創作する場合には、名誉毀損やプライバシー侵害といった、著作権侵害とは異なる問題を生じる可能性がある点に注意が必要です。

古典作品の著作権は
どうなっているか？

　古典作品や昔話・童話は誰のものでしょうか。一言でいえば、誰のものでもなく、誰もが自由に利用できるということになりそうですが、いくつか考慮しなければならないことがあります。

🎭 古典作品を翻訳・翻案した作品の著作権

　「死後の保護と保護期間①」（➡ p.99）で説明したとおり、保護期間の切れた著作物は、**パブリック・ドメイン**（公有財産）になり、誰でも自由に利用できるのが原則です。現在でも著作権が認められるのは、せいぜい 20 世紀以降に創作された作品でしょう。

　しかし、古い作品も、原書をそのまま利用することは少なく、**現代語訳**をしたものや、海外の古典の場合には**翻訳**したものを利用する場合が大半でしょう。したがって、いまでも保護期間中にある著作物がかかわってくる可能性があります。

　紫式部の『源氏物語』、シェイクスピア作の『ハムレット』『リア王』などの古典は、著作者や内容が確定できているといってよいでしょう（専門の研究者からは異論があるかもしれませんが、ここではそれほど厳密には考えないことにします）。これらを演劇などで利用する場合には、古典作品を当時の言葉のままに使うのではなく、おそらく現代語訳版や翻訳版を用いることになるでしょう。

　海外の古典作品を日本語で利用する場合に、自ら翻訳するなら別ですが、他人の翻訳を利用するならば、**翻訳家の著作権**がかかわってきます。また、日本の古典作品を現代語化したものを利用する場合、文語の現代語化は、外国語の話ではないので「翻訳」にはあたらないと考えられますが、「**翻案**」（➡ p.70）にあたる可能性があります。ことに『源氏物語』の例でいえば、橋本治

『窯変 源氏物語』のようなユニークな作品は、翻案にあたります。

これらの作品を利用する場合には、古典作品が原著作物（これ自体は著作権の保護期間が切れています）になり、翻訳や現代語訳版がその**二次的著作物**になります（➡ p.58「著作物とは何か①」参照）。二次的著作物の著作者の権利が及ぶのは、自分が二次的著作物をつくる際に**新たに付加した創作部分**のみであって、古典作品にもともと含まれていた要素自体には権利が及びません。したがって、翻訳や現代語訳版を用いる場合には、新たに付加した創作部分がどこまでで、その部分を利用したといえるか否かによって、翻訳家や現代語訳版の創作者の許諾を得る必要があるか否かが異なってきます。どこまでが原著作物だけの利用なのか、あるいは原著作物だけではなく二次的著作物の利用にも該当するのかの判断はなかなか容易ではありませんが、個別事案ごとに検討することになります。

😈 口承文学をベースにした作品の著作権

昔話・童話などの**口承文学**は、いろいろな場所で、いろいろな人が伝えてきたために、しばしば多数のバージョンが存在します。そのため、どの部分が「再話者」などによって二次的著作物として新たに付加されたのか、判断はさらに難しくなります。

実際に『三びきのこぶた』『にんぎょひめ』などの絵本の著作権侵害が問題になった訴訟では、裁判所は、原告（著作権侵害をされたと主張して訴えを提起した会社）の絵本の出版より前に出版された別の絵本を検討して、同じ内容がすでに含まれていた場合には、原告による新たな創作とは認めないといった判断をしています。

フラダンスやマオリ族のパフォーマンスなど、世界各地の伝統芸能はすでに権利が切れているなど、従来の著作権の考え方からいえば、特定の個人や団体には権利が認められないケースが大半でしょう。しかしこれらについても、許可なく複製や翻案をさせないという権利を、その文化を生んだ地域や民族に認めるべきという主張が途上国を中心になされ、その保護をどうするかが WIPO（➡ p.113）で長く議論されています。知的財産についても南北格差が生じていることがその背景にあると指摘されています。

無断上演が行われると
「主催者」の責任はどうなるか？

　著作物には原著作物の著作者や著作権者、二次的著作物の著作者や著作権者など、多数の権利者が関与している可能性があるということを本書のいろいろなところで説明してきました。では、利用者側として、許諾を得る責任を負っているのは誰でしょうか。

🎭 許諾を得る責任は誰にあるか

　例えば、海外からバレエ団や舞踊家を招へいしてバレエ、ダンスの公演を行う場合に、舞踊の著作物（振付）について振付家から許諾を得るべきなのは誰でしょうか。このことが実際に問題になった裁判例として、いわゆる**ベジャール事件**（東京地裁 1998 年 11 月 20 日判決）があります。

　この事件では、ある日本のプロモーター（主催者）2 社がそれぞれ別の機会にロシアのキーロフバレエ団や同バレエ団所属の著名な舞踊家であるファルフ・ルジマートフを招へいしてバレエの公演を行いました。ルジマートフらが、やはり著名な振付家であるモーリス・ベジャールの振付を、承諾を得ることなく踊ったため、ベジャールが公演の主催者を著作権侵害、著作者人格権侵害で訴えた事件です。

　この事件で主催者であった被告は、公演で演じた演目、キャストなどの公演内容はすべてバレエ団やダンサー側が決定していたのであって、主催者側は決定権をもっていなかった、したがって、演じる演目について振付家から承諾を得るべきなのはバレエ団やダンサーであり、主催者には責任がないと主張しました。

　しかし、裁判所は、「上演の主体は、実際に舞踊を演じたダンサーに限られず、当該上演を管理し、当該上演による営業上の利益を収受する者も、舞踊の著作物の上演の主体であり、著作権又は著作者人格権の侵害の主体にな

り得る」と判断しました。そのうえで、主催者たる被告は、「上演会場、上演日時、入場料金等を決定し、舞台装置の運送及び設置、出演者の移動及び宿泊、会場及び楽屋の用意、宣伝及び広告等の手配を行い、その費用を負担したこと」、「公演のチケットの販売による売上げを取得し、バレエ団に対し、公演の報酬を支払ったこと」に加え、「キーロフバレエ団と、演目の内容やキャストについて交渉してその決定についても関与していた」のであるから、「被告は公演を管理し営業上の利益を収受した」ものであり、主催者たる被告は著作権または著作者人格権侵害の主体となると結論づけました。

🎭 主催者には厳格な責任が課される

この事案では、一方の主催者は、事前にバレエ団からベジャール作品を演目にするという連絡を受けた際に、ベジャールから同意が得られていないのであれば演目を変更するようバレエ団に要請していました。また、他方の主催者の場合には、公演初日の前日になって初めてベジャール作品を上演することを知らされたほか、ダンサー側との契約では、上演に伴う著作権の承諾取得はダンサー側の義務とされていました。ベジャールの代理人からクレームを受けたためにこの主催者がダンサー側に連絡をしたところ、ダンサー側からは問題ないという回答を得たといった事情もありました。

しかし、裁判所は、公演の主催者は、**著作権の処理**がどのようになっているかについて当然関心をもつべきであり、権利者からクレームを受けた場合などには、たとえダンサー側が問題ないと説明したとしても、それだけでは足りず、相応の根拠を示した説得力のある説明があるなど、著作権侵害がないことが明らかになるまでその演目の上演を中止することを求めるなどの措置をとるべきであったという理由を述べて、やはり主催者の責任を認める厳しい判断をしたのです（なお、2022 年の音楽教室最高裁判決［➡ p.186 参照］の影響で、こういった主催者の責任［**侵害の主体性**］の判断も、若干の影響を受ける可能性があります）。

委嘱された作品の
著作権・上演権はどうなる？

　例えばフリーの振付家がテーマパークからアトラクションの振付を依頼される場合のように、団体の委嘱で外部のクリエイターが作品を創作することがあります。こうしたケースでは、往々にして将来の作品利用についてはっきりした形での契約を交わしていないことがありますが、その場合に作品の権利や将来の利用についてはどのように考えればいいのでしょうか。

🎭 委嘱する側と委嘱される側、著作権はどちらにある？

　テーマパークでのダンスの振付を例にとれば、「振付家」（➡ p.132）で説明したとおり、こうした振付はまったく創作性のないものを除いては著作物です。その著作権は、原則として創作した個人、つまり**振付家**がもつのが原則です。例外として、振付が「職務著作」にあたる場合（➡ p.78「著作者と著作権者②」参照）が除かれますが、そのようなケースはまれでしょう。

　この著作権のなかには**上演権**という権利が含まれます。よって、振付家に著作権があるとすると、振付家は作品について上演権をもっていることになります。著作権は基本的に禁止権ですから、他人は振付家の許可がなければ彼／彼女の振付やそれに似せた振付を上演することはできません（➡ p.168「無断上演が行われると『主催者』の責任はどうなるか？」参照）。この場合の「上演」とは**公に上演**することをいい、劇場でバレエ作品を上演する場合と同様、テーマパークのアトラクションでダンスを踊ることも公の上演です。この上演権については、「非営利目的の上演」の場合の例外規定がありますが（➡ p.95「制限規定とは何か②」参照）、テーマパークでのアトラクションがこれにあたるケースは少ないでしょう。

　このように、例えばテーマパークが振付家の振付を上演しようとする場合、振付家は上演対価の支払を求めたり、上演を差し止めることができるのが原

則です。

著作権の帰属についての二つの例外

ただし、この原則には二つの例外があります。

第一には、著作権が振付家からテーマパークに**譲渡**されている場合です。著作者は、自分の意思で著作権を他人に譲渡することができます。この譲渡は暗黙の了解のもとに行うことも理論的には可能です。著作権がテーマパークに譲渡されれば、テーマパークが著作権者ですから、振付家は彼らの上演を差し止めることはできず、また、振付家が上演の条件を話し合うように求めても先方がこれに応ずる義務はないことになりそうです。

さて、実際のケースでは、この著作権の譲渡があったかどうか、こちらと先方の理解がくい違う場合があるのでやっかいです。一般論としては、著作権を譲渡すると読める書面が残っていたり、著作権の譲渡があったという信頼できる第三者証人でもいないと、なかなか裁判所は著作権の譲渡があったとは認めないかもしれません。ただし、例えば最初に振付家が受け取った対価が、報酬の相場を考えると異例に高額だった場合などは、著作権譲渡があったと認定されやすくなるでしょう。

第二の例外は、振付家がテーマパークに上演を許諾している場合です。振付家に著作権のうちの上演権があるといっても、第三者はその許可をもらえばもちろん上演できます。この許可のことを「**許諾**」とか「**ライセンス**」などともいいます。振付家が初演の上演しか許可していないのに、黙って再演を行えば無断上演ですから、著作権の侵害です。

問題は、著作権譲渡の場合と同じで、当初どういう上演の許諾だったのかはっきりしなかったり、お互いの理解がくい違っている場合です。振付家がテーマパークのアトラクションで継続上演すると知りながら、とくに追加の支払や期間について話し合いをせずに振り付けたのならば、「少なくともある程度の長期間は上演が続くことを認めたのだろう」と見られてしまう可能性は高いでしょう。なお、こうした委嘱や次項の「買取り」には、本書改訂時に国会で成立した「フリーランス新法」が相当な影響を与える可能性があります（➡ p.53「コロナ禍、官民連携の役割増大と、契約への脚光」参照）。

作品の「買取り」には
どのような意味があるか

　前項のような委嘱のケースでは、団体からクリエイターに対して「今回は買取りでお願いします」といった依頼のしかたがされることがあります。こうした「**買取り**」にはどのような意味があるのでしょうか。

「買取り」の意味するもの

　ライブイベント産業に限らず、「買取り」という言葉は作品の外部委託に関連してよく使われる言葉です。具体的には前項の例のように、ダンスの振付を外部の振付家に委託する際に「買取り」という条件で一定の支払金を支払ったり、海外のミュージカルを日本語上演する場合に翻訳者の報酬を「買取り」条件で取り決める、などです。この「買取り」とは何なのでしょうか。

　文字どおり考えれば、「買取り」というからには何かを買い取っているのでしょう。買い取る対象はおそらく作品、すなわち著作権くらいしかなさそうだから、この「買取り」というのは一定金額で**著作権を譲渡**する旨の合意だろうとも思われます。著作権の譲渡があったのであれば、「買取り」をした発注者側が今後は著作権者ということになります。前項で述べたケースでも、振付家が受け取った対価が異例に高額で、しかも「買取り」といわれていたならば、著作権の譲渡があったと見られてしまう可能性はかなり高まります（また、これと似たもので、著作権すべてではなくてその一部を譲渡する、という意味で「買取り」ということもあるでしょう）。

　ところが、「買取り」という言葉は現場では、このような権利の譲渡のほかに、もうひとつの意味で使われることが少なくないようです。それは「報酬は定額で、どれだけ使ってもそれ以上は払わない」という意味です。つまり「**定額払い切り**」という意味で「買取り」といわれることがあります。

　上記の例でも、テーマパークが使った「買取り」という言葉はそうした意

味で理解すべきかもしれません。その場合、著作権やその一部である上演権はあくまでも振付家にあります。ただし、テーマパークは少なくとも上演については永久か、あるいはかなり長期間の許諾を得ていて、そしてその間の上演利用については最初の一括支払でカバーされていることになるでしょう。そうなると、振付家が上演について追加支払を求めたり、許諾を撤回することは難しくなります。（舞台用音楽の作詞・作曲の委嘱でもこうした意味での「買取り」がされることがありますが、この場合には JASRAC の「委嘱免除」という特殊な事情が生じる場合があります。➡ p.180 参照）

「権利の譲渡」と「定額払い切り」との違い

こう聞くと、上の例で振付家が「買取り」とはっきり聞いたうえで作品を創作したならば、それが著作権譲渡であろうが単なる一括対価の上演許諾という意味であろうが、結論は変わらないように思われるかもしれません。なぜなら、いずれの場合もテーマパークでの上演については振付家は追加の報酬を受け取れそうもないからです。しかし、実際には両者にはいくつかの違いが出てきます。

最大の違いは、**利用の範囲**です。著作権が本当にまるごと譲渡されたならば、期間は通常永久であり、また今後アトラクションを放送しようがビデオ化しようが、それは基本的に著作権をもっているテーマパークの自由です。反面、「定額払い切り」という利用の許諾ならば、通常許諾の範囲は多かれ少なかれ限定されています。例えば、上演の許諾であるならば、それ以外の放送やビデオ化といった利用は、著作権者である振付家の許諾がなければできないことになります。

もうひとつの大きな違いは、**振付家がほかの場所で振付を利用できるか**、という点です。著作権が譲渡されたならば、その振付の著作権者はテーマパークですから、振付家はその振付や類似した振付を自分で利用したり、あるいは別のカンパニーに上演許諾することはできません。ところが、単にテーマパークに上演を許諾しているだけならば、その上演許諾が独占的でない限り、振付家は同じ振付や似た振付を自分で使うことも、別のカンパニーに使わせることも自由です。

現場での直し、テキストレジーと上演台本

　劇作家が劇団や制作会社からの委嘱で脚本を執筆した場合、それが舞台稽古の過程で演出家や俳優のアイディアを取り入れて変更されることがあります。この場合でも、脚本の著作権は 100%劇作家のものでしょうか。

😈 テキストレジーした演出家などにも著作権はあるか？

　まず、教科書的な答えからいえば、劇作家が、演出家や俳優からアイディアや情報の提供を受けて脚本を書いたとしても、脚本の著作権は**劇作家のも**のです。逆にいえば、演出家や俳優が稽古の過程でアイディアや情報を提供したというだけでは、脚本の共同著作者になったり、脚本の著作権の一部を得るようなことはありません。

　具体的にどういう場合かというと、例えば書くべき題材やテーマを演出家や制作者がもち込んだとか、書かれてきたシノプシス★13 や原稿について感想を述べたとか、設定を多少変えることを提案したとか、シーンや台詞の削除を助言した場合などは、「企画やアイディア」の提供にとどまる可能性が高いでしょう。現実にも、多くのケースはこのレベルにとどまるかと思われます。ただし、そのレベルを超えて、エピソードのいくつかを丸ごと俳優がつくったとか、ストーリーの相当な部分を演出家が考えたというならば、話が変わります。こういう場合には、演出家や俳優は**共同著作者**になるかもしれないのです。共同著作者であれば、著作権は共有になるのが原則です。

　また、劇作家が書き上げてきた脚本について、演出家が劇作家の承認のもとに相当部分を**テキストレジー★14** した場合、やはり演出家が何らかの権利

★13　あらすじ、梗概。トリートメント（➡ p.159）と同じ意味で使われることも多いが、両者のニュアンスは使用者によっても異なる。

を上演台本に対してもつことがあるかもしれません。この場合、当初つくられた「脚本」に対して、上演に実際に使用されるバージョンを「**上演台本**」と呼んで区別したりします。

このケースでは、初めから協力して一つの脚本をつくった「共同著作者」というよりは、まず劇作家が執筆したオリジナル脚本（原著作物）があって、これに基づいて上演台本という**二次的著作物**がつくられた、と考える方がいいかもしれません。その場合でも、オリジナル脚本については劇作家が完全な著作権をもちます。ですから、劇作家はオリジナル脚本については単独で上演や出版などの許可をできます。しかし、テキストレジーされた上演台本については、原著作者である劇作家と二次的著作者である演出家の両方の許可がないと使用できない、ということになります（➡ p.68「著作権・著作者人格権とは何か③」参照）。

🎭 テキストレジーする際に必要なこと

いま「劇作家の承認のもと」と書きました。ときおり、劇作家に何の断りもなく脚本が大幅に書き直されたという話を聞きます。これは「二次的著作物」などという以前に、劇作家のオリジナル脚本に対する著作権や著作者人格権の侵害、という問題をはらんでいます。つまり、脚本が演出家のテキストレジーによってかなり変更される場合、変更の程度次第では元の脚本の「**翻案**」にあたるでしょう。さらに、他人の著作物を著作者の意に反して改変すれば**著作者人格権（同一性保持権）**の侵害となりますので、テキストレジーには本来著作者である劇作家の了承が必要です。

もっとも、これまで書いてきたのはあくまでも法律はどうなっているかということであって、関係者が納得のうえでそれと違う取り扱いをしてはいけない理由はありません。例えば、劇作家が演出家や劇団の創作システムを信頼して、自由なテキストレジーを許すというのは大いにあり得る話です。現場によってはそうした暗黙の了承が認められるケースも、少なからずあるでしょう。

★14　演出家による上演のための部分変更の意。

舞台美術は
自由に再演利用できるか？

　主催者や制作主体は、あるライブイベントで舞台美術家にデザインを委嘱した舞台装置や舞台衣装を、その後同じ作品の再演の際や、あるいは別なライブイベントにおいて自由に利用してかまわないのでしょうか。

舞台美術に認められる著作権

　「舞台美術家②・③」で述べたとおり、こうした舞台美術のデザインの著作権は、多くのケースでは**舞台装置家**や**舞台衣装家**がもつと考えられます（➡ p.136、139 参照）。他方、実際に製作された装置や衣装の「物」としての「所有権」は、製作コストや人件費を負担したイベントの制作主体がもつ（つまり装置の物理的な持ち主は制作主体である）ケースが多いでしょう。

　たいていの装置は公演が終われば解体されてしまいますが、なかには再演のために保存しておくケースもあります。衣装もまた、保存しておかれるケースがあります。この場合、制作主体が保存しておいた装置や衣装を使って作品の再演を行うのは自由なのでしょうか。あるいは、舞台美術家の許可がなければ装置や衣装を勝手に再演に利用できないのでしょうか。

　現実には、まったく舞台美術家の知らないところで装置や衣装が利用されてしまうというケースは多くはないでしょう。しかしなかには、自分のデザインした装置などが連絡もなしに再演で利用されていたり、ときには別のイベントで当初の想定とはまったく違う形で使われているのをたまたま見つけて舞台美術家が驚いた、というケースもあるようです。

　この場合、無論最初のデザインの委嘱の際に、制作主体が著作権の譲渡を受けるとか、あるいは今後どのように舞台美術を利用しても自由であるという契約が存在していれば、そうした契約に従って考えていけばよいでしょう。しかし現実には、ある種のジャンルや非常な好条件の場合を除けば、著作権

の譲渡や将来の無制限利用に同意を与える舞台美術家は多くはないでしょう。

　何らの合意も存在しない場合には、果たして制作主体は自由に装置や衣装を再演利用したり他のイベントに流用できるのか。この問題は、著作権法の解釈の問題となります。

舞台公演での利用は「上演」か「展示」か

　再演を例にとれば、舞台装置や舞台衣装の再演利用が、「著作権の及ぶ利用」であれば、著作権者に無断で制作主体は利用できないのが原則です。他方、著作権の及ぶ利用でなければ、制作主体は装置や衣装の「所有者」として自由に再演利用できることになるでしょう。

　それでは、再演利用は著作権の及ぶ利用でしょうか。著作権の及ぶ行為のなかで、再演利用が該当しそうな候補は、おそらく**「上演」**と**「展示」**でしょう。結論からいえば、再演利用が舞台美術の「上演」利用にあたるならば、舞台美術家の許可がなければ行えず、他方、「展示」その他の利用にあたるならば、舞台美術家の許可はいらないことになりそうです。

　なぜならば、著作権法では、著作権者の展示権は、「所有者による原作品の展示」や「複製物の展示」にはそもそも及ばないからです。装置や衣装の再演利用は、仮に展示だとすれば、ほとんどが「所有者である制作主体による原作品の展示」か、さもなければ「そもそも展示権は及ばない複製物の展示」のいずれかでしょうから、舞台美術家は著作権に基づいて再演利用を禁じたりはできないことになります（➡ p.68「著作権・著作者人格権とは何か③」参照）。

契約の重要性

　とはいえ、上演の一環としての利用である以上やはり「展示」よりは「上演」と考え、舞台装置や舞台衣装の再演利用や流用に対して、舞台美術家は著作権を行使できるようにした方がよいとも思われます。しかし、いずれにしても裁判上未解決の問題であることには間違いありません。そこで、舞台美術家としては、初演で舞台美術の委嘱を受ける際に、再演利用や流用について制作主体としっかり取り決めておく方が安心といえるでしょう（➡ p.154「プロデューサー／主催者④」、p.233「巻末資料」参照）。

ライブイベントにおける音楽の利用❶
―― 著作権等管理事業者

コンサートや舞台、各種フェアなど、何らかのライブイベントを行う場合に、演奏曲やBGMとして、既存の音楽を利用したいときには、誰から許諾を得ればよいでしょうか。

著作権等管理事業者の役割

音楽を収録した音楽CDを再生する場合であろうと、あるいはメンバーが自分で生演奏する場合であろうと、ライブイベントに集まった顧客に向けて音楽を流す行為は、著作権法上は「**演奏権**」の問題になります。利用したい音楽の著作権保護期間（➡ p.99「死後の保護と保護期間①」参照）がすでに切れている場合や、非営利目的での上演等（➡ p.95「制限規定とは何か②」参照）と認められる場合には、音楽の利用は自由です。それ以外の場合には、権利者から**許諾**を得る必要があります。

音楽著作物の権利者は、歌詞については作詞家、楽曲については作曲家ですから、原則として、作詞家と作曲家の両方から許諾を得ることになります。しかし、一つのライブイベントのなかでいろいろな音楽を利用する場合、いちいち作詞家や作曲家の連絡先を確認して許諾を得なければならないとすると大変です。他方、作詞家や作曲家の立場からしても、音楽は日々さまざまな場所で大量に利用されますので、いちいち連絡を受けて、許諾するか否か、許諾する場合の使用料をいくらにするかなどを利用者と交渉するのは大変な作業になり、現実的ではありません。加えて、音楽が演奏されても形が残らないため、仮にどこかで無断演奏があったとしても、作詞家や作曲家個人が、無断演奏を監視するのにも限界があります。

そこで、利用許諾の窓口を一か所に集中させることができれば、利用者はそこでまとめて利用許諾を得ることができますし、権利者も許諾や無断演奏

表11 | **著作権等管理事業者（音楽・レコード専門）** (2023年2月時点)

名称	登録年月日	ウェブサイト
（一社）日本音楽著作権協会	2001.10.1	https://www.jasrac.or.jp
（株）NexTone	2001.10.11	https://www.nex-tone.co.jp
（株）International Copyright Association	2003.3.4	http://www.ica-j.com

＊著作権等管理事業者の情報は文化庁ホームページ（https://www.bunka.go.jp）から入手可

の監視を任せることによって、本来の創作活動に専念することができます。

　このように、利用者と権利者の双方の利益に合致することから、多数の著作権者の権利を預かって著作権の集中管理を行うのが、JASRAC などの**著作権等管理事業者**です。

　JASRAC（Japanese Society for Rights of Authors, Composers and Publishers）は、正式名称を「一般社団法人日本音楽著作権協会」といい、多数の作詞家・作曲家などの音楽著作権者に代わって、著作権を管理しています。具体的には、利用者からの利用申込みを受けて利用許諾を行って使用料を徴収し、それを著作権者に分配し、あるいは無断で音楽利用をしている利用者などに対して、利用許諾を得るよう請求し、民事訴訟を提起するなどしています。

　2001 年 10 月から**著作権等管理事業法**という法律が施行され、文化庁長官の登録を受ければ他の業者も著作権等管理事業者として活動することができるようになり、音楽分野でもイーライセンスやジャパン・ライツ・クリアランス（JRC）といった有力な事業者による参入や管理領域の拡大も本格化しました。その後、イーライセンスは JRC と合併のうえ、現在では NexTone に名称変更しています（➡表 11 参照）。本稿執筆時点では、JASRAC がなおきわめて高いシェアを維持していますが、NexTone も存在感を増している状況です。

ライブイベントにおける音楽の利用❷
── JASRAC の信託管理のしくみ

🎭 著作権の許諾

　現行の JASRAC の信託契約約款では、作詞家・作曲家は、これまで自分が創作した歌詞・楽曲と、これから自分が創作する歌詞・楽曲のすべてを JASRAC に信託譲渡することになっています（ただし、信託する利用形態の種類については選択の余地があり、一部の利用については前述の他の「著作権等管理事業者」に管理を委ねるケースも見られます）。このように、JASRAC と作詞家・作曲家との関係は、単なる委任や委託などではなく、**JASRAC は権利そのものの信託譲渡**を受けています。したがって、著作権使用料の徴収を行う場合などでも、法律的には、JASRAC は作詞家・作曲家の権利を代行しているわけではなく、当事者として自らの権利を行使しているという位置づけになります。

　また、信託譲渡の対象は、**将来の作詞・作曲分も含む**ので、仮に主催者が新たな舞台作品用の歌詞・楽曲をつくることを作詞家・作曲家に委嘱したとしても、そこで創作された歌詞・楽曲は原則として JASRAC が管理していることになります。

　ただし、舞台作品用の歌詞・楽曲を新たに作詞家・作曲家に委嘱した場合で、舞台での演奏・上演について作詞家・作曲家と主催者との間で利用条件が直接約束されている場合など、その「一定の範囲」での演奏・上演に限って、JASRAC が例外的に使用料は請求しない「**委嘱免除**」の制度もあり、2014年1月から正式に導入されています。

　他人の音楽を利用する場合には、個々の作詞家・作曲家に連絡をとるのではなく、集中管理をしている著作権等管理事業者に連絡をとるのが原則です。もっとも、いかに高いシェアを誇っている JASRAC といえども、すべての

音楽を管理しているわけではありません。また、外国音楽の**グランドライツ**（➡ p.192 ～ 197「グランドライツ①〜③」参照）を管理していないなど、すべての利用形態をカバーしているわけでもありません。JASRAC で管理している音楽か否かは、JASRAC のホームページ（https://www.jasrac.or.jp）の「JASRAC 作品検索サービス J - WID」のコーナーから確認することができます（➡同データベースの詳しい見方は本シリーズ『音楽ビジネスの著作権（第 2 版）』p.168 以下参照）。

　具体的には次項で説明しますが、JASRAC では、さまざまな音楽の利用形態によって、著作物利用についての**使用料規程**を定めています。JASRAC で管理している音楽を利用する場合には、利用申込みを行い、利用した音楽の作品名、作曲家名、作詞家名などを報告して、請求される使用料を支払えば、誰でも基本的に許諾が得られるのが原則です。

著作者人格権の処理

　JASRAC は、作詞家や作曲家などの著作権者から、著作権の信託譲渡を受けて使用料の徴収や分配業務を行っています。これに対し、著作者人格権は**一身専属性**を有し（➡ p.71「著作権・著作者人格権とは何か④」参照）、信託譲渡の対象にはできませんから、JASRAC では利用許諾を与えることはできません。したがって、著作者人格権にもかかわってくるであろう利用方法の場合、例えば、音楽を編曲して演奏する場合、音楽をコマーシャルソングとして放送する場合などは、作詞家・作曲家などに直接の同意を得たうえで、JASRAC に著作権の利用申込みをすることになります。

ライブイベントにおける音楽の利用❸
── JASRAC の使用料規程のしくみ

JASRAC の**使用料規程**（➡ JASRAC のホームページ https://www.jasrac.or.jp から入手可）では、演奏等、放送等、映画、出版等、インタラクティブ配信などの区分があり、それぞれ使用料のしくみが異なります。ここではライブイベントと最も関係がある演奏等について説明します。

「演奏等」の使用料規程のしくみ

演奏等は、さらに、①上演形式による演奏、②演奏会における演奏、③演奏会以外の催物における演奏などに分かれています。

①**上演形式による演奏**は、主にミュージカル、オペラ、バレエなどで、JASRAC がグランドライツ（➡ p.192 ～ 197「グランドライツ①～③」参照）を管理している場合に対応した利用、②**演奏会における演奏**はコンサートや発表会などの音楽の提供を主な目的としたイベントでの利用、③**演奏会以外の催物**は、レビューショー、アイススケートショー、舞踏会、演劇、漫才などでの利用を含みます。

①ミュージカルなど上演形式による演奏の場合の使用料は、**公演 1 回ごと**か、あるいは**利用する音楽 1 曲ごと**かで算定することになっています。いずれの場合も**入場料があるか否か**で基準が異なっており、入場料がある場合には、入場料を基準とした一定の比率（％）を、入場料がない場合には、会場の定員数と公演時間（公演 1 回ごとで計算する場合）あるいは演奏時間（音楽 1 曲ごとに計算する場合）によって使用料が変動するしくみです。

例えば、入場料がある場合で、公演 1 回ごとを選択する場合には、総入場料算定基準額（入場料に定員数をかけ、さらに所定の比率をかけた額）の 5％、音楽 1 曲ごとを選択する場合には、1 曲 1 回あたり 5 分以内の場合には総入場料算定基準額の 0.5％（1 曲の 1 回の演奏時間が 5 分を超える場合は、10

分までなら1%、15分までなら1.5%と増加）などが原則です。

　②コンサートなど演奏会における演奏の場合の使用料も、しくみは上演形式による演奏の場合と同様です。例えば、入場料があるケースで、公演1回ごとを選択する場合には、総入場料算定基準額の5%で、音楽1曲ごとを選択する場合には、1曲1回あたり総入場料算定基準額の0.5%などが基準になります。総入場料算定基準額については、包括的利用許諾契約を締結する場合の減額措置がとられることになっています。

　③演奏会以外の催物における演奏は、さらに細かく分類されており、(1)レビューショー、アイススケートショー、舞踊発表会等の音楽が重要な要素となる催物、(2)体操競技、ダンス競技会等の演技に伴って音楽を用いる競技、(3)ファッションショー等の催物など、10種類のカテゴリーに分類され、それぞれの使用料が定められています。

　これらの使用料は、おおむね公演1回ごとの使用料あるいは音楽1曲ごとの使用料を選択できるようになっており、演奏が行われる会場の定員数・入場料ごとに細かく「使用料額」が表で定められています。

ライブイベントにおける音楽の利用❹
──外国音楽を利用する場合

🎭 外国音楽の権利処理のポイント

　諸外国でも多くの国にはJASRACのような歌詞・楽曲の著作権を集中管理する団体があります。JASRACはこれらの多くの団体と相互管理契約を結んでいますから、日本でこうした外国曲を利用しようとする場合、JASRACを通じて利用許諾を受けられるケースが多いことになります。

　ただし、これには例外がいくつかあります。第一に、JASRACと相互管理契約を結んでいる外国団体や、日本の音楽出版社（いわゆる「**サブパブリッシャー＝SP**」）を通じてJASRACに作品を委ねている外国の音楽出版社（いわゆる「**オリジナルパブリッシャー＝OP**」）などに、そもそも当該外国の作詞家・作曲家が権利を委ねていなければ、それらの団体には権限がないので、JASRACにも、当該作詞家・作曲家の曲を日本で管理する権限はないことになります。

　第二に、こうした外国団体は、演奏や放送など一部の利用形態についてしか著作権を管理していないことがあり、その場合当然に、JASRACは外国団体の管理下にある利用形態についてしか当該作詞家・作曲家の権利を日本で管理していないことになります。

　ある曲についてJASRACがどのような利用形態の権利（**支分権**といいます。➡ p.64「著作権・著作者人格権とは何か①」参照）を管理しているかは、JASRACのホームページから利用可能なデータベース（J‐WID）によっておおよそ把握可能です（https://www.jasrac.or.jp）。

　こうしたデータベースで確認した結果、例えば、JASRACは当該曲について演奏・放送など（音楽著作権管理団体では、まとめて「**演奏権**」ということもあります）は管理しているが、録音権は管理していなかったとします。

作品データベース検索　**J－WID**

■外国作品■　出典：PJ(サブ出版者作品届)

作品コード　1E6-0288-5 LET IT GO // FROZEN

No.	権利者	識別	契約	信託状況	所属団体	演奏	録音	出版	貸与	ビデオ	映画	CM	ゲーム	放送	配信	通カラ	注意
						J	J	J	J	J	✗	✗	J	J	J	J	
1	ANDERSON LOPEZ KRISTEN	作曲作詞		演奏M	演:BMI 録:NS												
2	ANDERSON KRISTEN JANE	作曲作詞		演奏M	演:BMI 録:NS												
3	LOPEZ ROBERT JOSEPH	作曲作詞		演奏M	演:BMI 録:NS												
4	WONDERLAND MUSIC COMPANY INC	出版者		演奏M	演:BMI 録:NS												
	日音　Ｓｙｎｃｈ事業部	サブ出版	部分信託	JASRAC					—		#	#					
	ヤマハミュージックパブリッシング（ＣＭ）	サブ出版	部分信託	JASRAC													

JASRACの「J－WID」による『LET IT GO』（アナと雪の女王）の権利関係
※JASRACは「映画録音」と「CM録音」の権利は管理していないことがわかります。

その場合には、その歌詞・楽曲をライブイベントで演奏することはJASRACの利用許諾を得ることで可能になりますが、そのライブイベントの模様を収録したCDを製造・販売することはJASRACを通じては無理、ということになります。よって、作詞家・作曲家本人や、その権利を管理する音楽出版社などから直接に利用の許諾を得る（いわゆる**元栓処理をする**）必要が出てきます。

グランドライツに要注意！

忘れてはいけないのは、一見演奏のように見える利用のなかでも、オペラ・ミュージカルなどで歌詞・楽曲を上演する場合のように、音楽を「演劇的に」演奏などする権利は「**グランドライツ**」と呼ばれ、アメリカなど一部の国では伝統的に作詞家・作曲家本人や音楽出版社、あるいは専門の団体が直接に権利を管理しているということです（➡ p.192「グランドライツ①」参照）。

民間教室での指導・練習

　2016年、JASRACは翌年からヤマハなど企業の経営する音楽教室からの使用料徴収を開始すると発表しました（個人経営の教室は当面除く方針）。これは多くの音楽教室の反発を招き、社会的にも注目を集めることとなります。2017年、ヤマハなど250の団体は教室での教師の模範演奏や生徒の練習演奏について、JASRACには使用料の請求権はない（＝著作権侵害はない）ことの確認を求めて東京地裁に提訴、足かけ6年に及んだ裁判は、2022年に最高裁判決によって決着しました。

　争点は、教師の模範演奏、生徒の練習演奏がそれぞれ、演奏権の対象となる「公衆に直接聞かせることを目的とした演奏」（22条）にあたるか、またその主体は誰か。最高裁判決に先だつ知財高裁は、以下のように判断しました。

■ 判決のポイント

(1) まず**教師の模範演奏**は、教室での個人・少人数レッスン、生徒の自宅レッスンなどを問わず、「**公衆に直接聞かせるための演奏**」なので**演奏権の侵害**とされました。最高裁は音楽教室側の上告を受理しませんでしたので、この判断が確定しています。つまり、JASRACの使用許可がいる。ロジックをざっくりと記せば：

①そもそも法的に演奏しているのは誰か。これは社会・経済的な総合考慮で決まり、**音楽教室（事業者）**が「**演奏主体**」である。この点は、個人教室であろうが、教師が教室側から雇用・委託されていようが、変わらない。

②その音楽教室から見て、**生徒は「公衆」**である。個人的なつながりがない「不特定」な人々はたとえ少数でも「公衆」にあたり、生徒は基本的に誰でも受講契約を結べるので「不特定」である。この契約上の関係は入会後も続くので、生徒は（教師とどんなにつながりが深まっても）「不特定」であり続ける。

③演奏には「**直接聞かせる**」という**目的意思があれば十分**で、（鑑賞・感動といった）それ以上の要素は不要。

よって、教師の模範演奏は「公衆に直接聞かせるための演奏」であり、JASRACの使用許可が必要。

(2) 他方、**生徒による演奏**は「公衆に直接聞かせるための演奏」ではなく、演奏

権の侵害はないとされました。最高裁もおおむね知財判決を踏襲して JASRAC 側の上告を棄却したため、この結論も確定しています。つまり、JASRAC の使用許可は不要。ロジックは：

①生徒は自らの練習のために演奏しており、契約で一定レベルの演奏を義務づけられてもおらず、**「演奏主体」は音楽教室ではなく生徒**である。教室側が曲を選定したり、楽器を提供しても、それは副次的な要素にすぎない。

②生徒は教師に聞かせるために演奏するが、**教師は「公衆」でない**ことは当事者間に争いはない。また、**生徒自身にとって自分は「公衆」にあたらない**ことも当然。

③なお、仮に演奏主体が音楽教室だとしても、その場合には音楽教室が自分自身である教師に向けて演奏しているだけなので、やはり「公衆」は存在しない。

よって、生徒の練習演奏は「公衆に直接聞かせるための演奏」ではなく、JASRAC の使用許可は不要。

■最高裁の判断が与える今後への影響

　最高裁で判断が確定したため、今後は教師の模範演奏のみを対象として、JASRAC の使用許可が必要になり、使用料が徴収されることになります。

　この判決をめぐっては、最高裁がそれまで採用していた「カラオケ法理」を脱却したものか否かが研究者の関心を集めていますが、ここでは詳細は割愛しましょう。もうひとつ、JASRAC で許可が得られない曲の扱いも、焦点の一つです。人気のゲーム音楽など、JASRAC 等が管理しない曲も少なからず存在するところ、今後そうした曲は民間教室での指導が委縮していくのか。あるいは「寛容的利用★15」として事実上行われていくのか。

　いずれにせよ、民間教室での指導・練習と音楽教育への影響、そして創作者への適正な利益還元のあり方は、今後も重要な問題であり続けるでしょう。

★15　**寛容的利用**とは、権利があっても実際には権利者によって権利行使されていないために事実上許されている利用をいいます。あくまでも事実上の状態にすぎないため、権利者が権利行使をした場合には、寛容的利用だから権利者の主張は認められるべきではない、といった防御はおそらく通りにくいでしょう。

アレンジ、オーケストレーションの権利

　楽曲について**アレンジ（編曲）**が行われることがありますが、それによって権利関係に変動が生まれるのでしょうか。

🎭 アレンジの権利と権利処理のポイント

　楽曲についてアレンジが行われた場合、新たな創作性を原曲に加えるものであれば、その結果できあがった編曲済みのバージョンは、原曲に対する「**二次的著作物**」となります。二次的著作物の著作者はアレンジャー（編曲家）ですから、理論的には、その著作権はアレンジャーにあるのが原則です。ただし、原曲の作曲家は当然、原著作物の権利者として、こうした編曲済みバージョンに対しても著作権を行使することができます。つまり、編曲済みバージョンを演奏しようとすれば、**原曲の作曲家**と**アレンジャーの双方の許可が**なければできないことになります（➡ p.68「著作権・著作者人格権とは何か③」参照）。

　わが国で大多数の歌詞・楽曲の著作権を管理する JASRAC では、会員信託者のものに限り、編曲の著作権管理も受けつけています（**公表時編曲**）。ただし、多くのアレンジャーは「買取り」条件（つまり著作権譲渡か対価一括払い）で仕事を行うため、JASRAC に権利を信託して使用料を代行徴収してもらうということを行っておらず、作品届全体に占める割合はまだ少ないようです（➡ p.172「作品の『買取り』にはどのような意味があるか」参照）。また、著作権が消滅している楽曲の編曲については、JASRAC が編曲審査委員会の審査を経て編曲者の著作権を管理している例もあります。

　そこで、イベント主催者など多くの利用者は、アレンジャーの権利についてはとくにこだわらず、JASRAC などからの原曲の利用許諾に基づいてアレンジ済みの曲でも演奏利用しているのが現状かと思います。アレンジャー

との権利処理は原曲の権利者や音楽出版社が適正に済ませているならば、この方法でアレンジ済みの曲を演奏利用してもアレンジャーからクレームを受けることは理論的にないはずですが、この前提には若干フィクションもありそうです。

オーケストレーションの権利と権利処理のポイント

こうしたアレンジの一種といえるものに**オーケストレーション**があります。これは、もともとピアノスコアだけの原曲をオーケストラで演奏できるようにオーケストラ譜面化する作業です。すでにオーケストラ譜面化されていても、異なるオーケストレーションを加えることもあります。

オーケストレーションも、原曲に新たな創作性を加えるものであれば、その結果できあがったオーケストラ・バージョンは、原曲に対する「**二次的著作物**」となり、その利用には**原曲の権利者**と**オーケストレーションの権利者**の双方の許可が必要になります。

なお、これはアレンジ全般にいえることですが、プロならば誰でも加えられる程度のごく技術的な、あるいは「定石」の範囲を出ないレベルの変更や展開を原曲に加えたとしても、それは「二次的著作物」とはいえません。単に「すこし変えた複製」です。こうした変更では二次的著作物は生まれず、よって、アレンジャーが二次的著作物の権利を得ることもありませんので、注意が必要です。

貸譜料って何？

　クラシック音楽で、オーケストラ譜面などに関連して「貸譜料」という言葉を聞くことがありますが、これは著作権とはどう関係があるのでしょうか。

貸譜料とは譜面のレンタルの対価

　前項（「アレンジ、オーケストレーションの権利」）で述べたとおり、管弦楽曲や吹奏楽曲、オペラ、ミュージカル曲などではオーケストラ譜面がなければ実際の演奏はできません。そして、このオーケストラ譜面は往々にして大変な分量であり、それを管理してレンタルする専門業者が存在します。このレンタルの際に徴収する料金が**貸譜料**といわれるもので、著作権の使用料とは本来別なものです。

　「死後の保護と保護期間①・②」（➡ p.99 〜 105）にあるように、著作権はわが国では原則として著作者の死後 70 年間（かつては死後 50 年。プラス戦時加算が最大で約 10 年 5 か月間など）で保護が終了して、それ以降は演奏を含めて、誰でも利用は自由になります。次項で紹介する「グランドライツ」が及ぶような利用でも同じです。グランドライツはそもそも、著作権のうちの演奏権などの一部にすぎないからです。クラシック曲の多くは、わが国での著作権保護が終了しています。とくに 19 世紀までの作品はほとんどそうだといっていいでしょう。

　しかし、いくら著作権が消滅しており、また、前項で触れた「二次的著作物としてのオーケストレーション」の著作権もとくに問題にならないようなケースであっても、現実にオーケストラ譜面がなければ演奏はできません。そこで、上記の業者から譜面をレンタルする際の対価が貸譜料というわけです。

各種のレンタル条件は契約上有効か

　この譜面のレンタル契約にはしばしば付帯的な利用条件がついており、まず、レンタルされた譜面のコピーは許されません。また、譜面の用途が限定されていて、例えば演奏利用のために譜面をレンタルした場合、その演奏されたコンサートの模様をテレビで中継放送するならば、別途の放送使用料の支払が求められます。そして、第三者に譜面を利用させることも禁止されます。

　この点がわかりにくいところで、著作権が消滅した譜面であれば、本来は誰から借りたものであれコピーは自由なのが原則です。また、著作権が消滅した譜面をどこで演奏しようが、また誰が放送しようが本来は自由です。それが著作権の保護期間というものの根本の趣旨です。

　ですから、譜面レンタル業者は、（著作権保護が終了しているならば）決して**著作権に基づいて**コピーを禁止したり、放送に制限を加えることはできません。また、そういう趣旨で制限を加えているのでもないはずです。

　あくまでも、譜面業者と利用者との間の「物＝譜面」の**レンタル条件**としてそういう契約を結んでいる、ということでしょう。「この条件でいいというから貸したのだから、条件は守ってくれ」という趣旨です。自由に譜面をコピーされれば、料金を払って借りる人は減るでしょうから、ビジネスを守るために譜面業者は各種の条件を課していることになります。

　譜面のレンタル条件は、利用者が納得のうえでその条件で譜面を借りたのであれば、あまり一方的なものでない限り、当事者間の約束としては有効でしょう。ただ、この約束はあくまでも当事者だけを拘束するものです。例えば、譜面業者からでなく、第三者から譜面を入手した利用者がいた場合、いくらその譜面が元をたどれば譜面業者から出たものであったとしても、おそらく譜面業者は普段のレンタル条件をもち出してその遵守を求めるのは困難でしょう（ただし、当初のレンタル先が譜面流出の責任を問われることはあり得ます）。

グランドライツ❶
── グランドライツとはどのような権利か？

　オペラ・ミュージカルやダンス公演で音楽を使用する場合に、「グランド
ライツ」という権利が問題になることがあります。この「グランドライツ」
とはどのような権利でしょうか。

🎭 グランドライツとは何か？

　「ライブイベントにおける音楽の利用④」で述べたとおり、たとえ外国の
曲でも、日本では多くの場合、一般社団法人日本音楽著作権協会（JASRAC）
を通じてライブイベントでの演奏許諾を受けることができます（➡ p.184 ～
185）。ただし、注意が必要なのは、一見演奏のように見える利用のなかでも、
例えばオペラ・ミュージカルやバレエ作品の歌詞・楽曲を上演する場合のよ
うに、**音楽を「演劇的」に演奏（perform）する権利**は「グランドライツ」
と呼ばれ、アメリカやヨーロッパの多くの国では伝統的に音楽出版社、作詞
家・作曲家本人、あるいは専門の団体が管理しているということです。こう
したグランドライツを管理する専門団体としては、Concord Theatricals（旧
Tams Witmark ほか）、MTI などがあげられます。

　JASRAC は、外国曲については、各曲の本国の演奏権団体などとの相互管
理契約や、本国の音楽出版社（オリジナルパブリッシャー＝ OP）から楽曲
の権利委託を受けた日本の音楽出版社（サブパブリッシャー＝ SP）の委託
によって、その利用許諾窓口になっています。よって、そもそも本国の演奏
権団体や日本の SP が管理していないグランドライツについては、JASRAC
が日本で管理することはありません。

　このため、多くの外国曲について、JASRAC は日本でのグランドライツ（つ
まり上演権や、演奏権のうちの「演劇的」な演奏によるものなど）は管理し
ていないのが現状です。この場合、JASRAC からいくら演奏利用の許可を

得ても、それはグランドライツ以外の形での演奏（**スモールライツ**）についての許可であって、グランドライツにあたるような利用を行えば権利者に対する著作権侵害となります。

😺 日本で最初の「グランドライツ」裁判

　日本で、このグランドライツの存在が認められたのは、**ビートル・フィーバー事件**（東京地裁1979年8月31日判決）と呼ばれる裁判が最初でした。この事件では、ビートルズの名曲をビートルズに扮したバンドが次々に舞台上で演奏するという、『ビートル・フィーバー』なる舞台作品が問題となりました。ビートルズの音楽著作権を管理する音楽出版社（OP）が、『ビートル・フィーバー』の上演はビートルズ曲の演奏権を侵害すると裁判を起こし、これによって演奏差止の仮処分を受けた『ビートル・フィーバー』の主催者側は、そもそも音楽出版社には差止を求める権利はないはずだと反論しました。日本でのビートルズ曲の演奏権はJASRACが管理しているはずだから、というのがその理由です。

　しかし裁判所は、ビートルズ曲を「演劇の上演において又はこれに関連して使用する」権利は日本ではJASRACの管理下になく、音楽出版社が管理していることを認めました。そのうえで、この『ビートル・フィーバー』はまさに「ビートルズそのものを描く音楽劇である」として、音楽出版社から許諾を得ていない以上、『ビートル・フィーバー』は演奏権侵害にあたる、と認定したのです（ちなみに、このケースでは、主催者側はそもそもJASRACから演奏使用の許可すら得ていませんでした）。

グランドライツ❷
—— グランドライツの及ぶ範囲

😈 グランドライツの及ぶ利用

　グランドライツについては、日本では必ずしも正しい知識が普及してはいません。このため、日本の主催者がグランドライツにあたるような外国曲の利用を無許可で行ってしまい、権利者に高額な和解金を支払う必要が生じた、というトラブル例も見られるようです。

　こうしたトラブルの原因の一つとして、グランドライツがどの範囲ではたらくか、その適用範囲が曖昧であることがあげられます。グランドライツの適用範囲を最も狭く解釈するのは、グランドライツとはオペラ・ミュージカル・バレエ曲を本来のオペラ・ミュージカル・バレエとして上演する場合だけはたらく権利だ、と考える意見です。

　ときおり、有名なオペラやミュージカル作品の曲を全曲、オリジナルと同じ順番で演奏し歌唱するという「コンサート版」と銘打った舞台作品が登場します。グランドライツの範囲を狭く解釈すれば、「コンサート版」は単にオペラ曲やミュージカル曲を順番に演奏しているだけで、本来のオペラやミュージカルの上演ではないのでグランドライツの適用場面ではない、となるのかもしれません。

　この点、ミュージカルのグランドライツ理論が発達した米国では、グランドライツの守備範囲についてたびたび裁判になっています。代表的なのは、アンドリュー・ロイド・ウェーバーの代表作の一つ『ジーザス・クライスト・スーパースター』をめぐるもので、上であげたような「コンサート版」が果たしてグランドライツ的使用かが問題となりました。グランドライツ的使用でないならば、各曲についてアメリカの演奏権団体 ASCAP や BMI の規定の演奏使用料を支払えば、それで「コンサート版」は行えることになります。

　米国裁判所の見解は必ずしも統一されていませんが、少なくとも、①すべてかほとんどすべての曲がオリジナルの順番で演奏され、歌手が一貫して同じ「役柄」を担当したケース、および、②台詞・演技・ダンスあるいはオリジナル作品のビジュアル要素などの要素を加えて一部の曲が歌われたケースの双方で、それは単なる演奏ではなく「**演劇的な演奏**」であって、グランドライツの領分と認めています。

🎭 グランドライツをめぐる誤解

　グランドライツは、日本にはない何か特別な種類の権利を指すかのように誤解されることがありますが、そんなことはありません。その本質は「演奏権・上演権などのうちある種の領域を誰が管理するか」という管理権限の問題です。

　JASRAC のような著作権等管理事業者は、外国曲についても日本で利用許諾を与える権利を管理していますが、それはすべての利用についてではなく、多くの外国曲については、「グランドライツ」にあたるような利用の許諾を与える権限は任されていません。そのため、こうした形での演奏・上演などについては JASRAC は許可を与えることはできませんし、仮に何らかの手違いで許可が与えられてしまったとしても、有効ではないため、利用者が許可に従って演奏・上演などすれば著作権者の権利を侵害する、ということです。

　このように、グランドライツとは要するに、**どのような範囲の演奏・上演権などの管理を日本の管理事業者が任されているか**、ということですから、管理委託の範囲についての本国の裁判所の認定はおそらく重要です。その意味で、上記の米国の二つの指針は、日本での米国曲のグランドライツの守備範囲を考えるうえでも指針になるでしょう。

　この前提で考えると、オペラ・ミュージカル作品の大部分の曲をそのまま演奏・歌唱する「コンサート版」はグランドライツの領域である可能性が高く、また、仮に1曲だけだとしても、特有の装置・衣装を用いたり演技を加えたりして（つまり演劇的に）歌唱すれば、グランドライツの領分である可能性が高いことになりそうです。

グランドライツ❸
―― グランドライツはどんな曲について問題になるか？

🎭 グランドライツは DVD 化や放送・配信に及ぶのか

　グランドライツは DVD 化や放送・配信にも及ぶのでしょうか。例えば、ミュージカル曲やバレエ曲を、衣裳やダンス込みで DVD 化する場合に、これをグランドライツ（的な利用）と呼ぶかといえば、おそらく法的には呼びません。なぜならグランドライツとは上演・演奏など「performance」にかかわる利用形態であって、DVD 化のような収録（複製）・頒布には及ばないはずだからです。もっとも、では JASRAC 等の許諾だけで足りるかといえば、結論としては不足です。この場合は後述する「シンクロ利用」（➡ p.208「イベントをネット配信する場合の権利処理」参照）になりますから、グランドライツが問題になるような外国曲の場合には、音楽出版社などとの**指値交渉**が必要になるのですね。つまり、グランドライツではなかろうが、個別交渉が必要という意味では似た状況です。収録ありの配信も、状況は同じです。

　では、放送や（収録を伴わない）ライブ配信はどうか。ここはややトリッキーで、各曲の本国の演奏権団体などがどこまでの権利を管理しているかを調査することになります。

🎭 グランドライツの対象曲

　グランドライツをめぐる大きな疑問に、グランドライツは、そもそもオペラ・ミュージカル・バレエ曲にしか発生しないのか、あるいはポップソングなどすべてのジャンルの曲に発生するのか、というものがあります。この点、少なくとも米国では、曲のジャンルを問わずグランドライツは作詞家・作曲家による米国の演奏権団体への権利委託からは、除かれているようです。

　米国の二大演奏権団体には ASCAP と BMI があります。このうち ASCAP

はその公表資料の中で、（同社の管理対象から外れる）グランドライツの範囲として、前項であげた基準①や②に該当する利用法と並んで、「**曲を物語やプロットの一部として演奏すること**」をあげています。そして、この最後の利用法に限っては、対象をミュージカル・オペラ・バレエといった「**演劇的音楽作品**」に限定してはいないのです。同様に、BMI も公表資料において、グランドライツはミュージカル・オペラなど以外の「別個の音楽作品」を演劇的な設定の中に取り込むことを含む、と述べています[16]。そのため、例えば米国の人気ポップスグループのヒット曲を集めて、そこにストーリーを加えてミュージカル作品とした場合、そもそもミュージカル曲として書かれていなくても、おそらく**グランドライツ処理**が必要となります[17]。

　ただし、米国以外の「グランドライツ」を認める国でも、同様にすべてのジャンルの曲についてグランドライツを別管理としているかは不明です。国によっては、演奏権管理団体の説明資料に、「グランドライツとはオペラやミュージカルのような演劇的音楽作品についてだけ認められる考え方である」と明言しているものもあり[18]、この点は未解決の問題といえます。

　加えて、例えば、通常の舞台劇の重要な場面が、そのまま既存の一般曲の演奏シーンになっているケースや、既存の曲に振付を加えてダンス作品をつくったときはグランドライツの適用対象かどうかなど、グランドライツをめぐってはまだまだ不明確な問題が多いようです。

　なお、以上の適用範囲や対象曲の議論はいずれも外国曲についてのものであって、国内曲の場合にはグランドライツであれスモールライツであれ、JASRAC などの集中管理団体が管理しているケースが多いでしょう。

★16　https://www.ascap.com/help/ascap-licensing#A061CA31-7AE0-44A7-A2FB-EB987D679738
https://www.bmi.com/forms/licensing/tv/TMLC13PP2.pdf
★17　元は米国曲ではありませんが、この形で大きなヒットを飛ばしたのが、往年のヒットグループ、「AВBA」のポップソングを集めて、一本のミュージカルにした『マンマ・ミーア！』や、人気バンド「クイーン」の曲だけを集めてミュージカルにした『ウィ・ウィル・ロック・ユー』などの作品（いわゆるジュークボックス・ミュージカル）です。
★18　例えばドイツの GEMA の場合には、グランドライツはミュージカル・オペラ・バレエなどに限って発生するのだと説明する文献もあるようです。Michael Karbaum, *Small Rights & Grand Rights — Collective and Individual Copyright Administration in the World of Music*（https://www.gema.de/engl/copyright/small_grand_rights.shtml）参照。

ステージ上での引用と出典の明示

劇中劇などに限らず、舞台上で他の作品の有名なシーンを再現する場合やシーンそのものを再現しないとしても台詞を引用する場合などには、どのような点に注意すればよいでしょうか。

引用をする際の注意点

まず、他の作品のあの場面だな、と観客に伝わる場合であっても、利用するシーンや台詞がごく短いときなどは、その部分だけでは創作性があるとは認められず、著作物（➡ p.60「著作物とは何か②」参照）にはあたらないでしょう。そのような場合には利用は自由ということになります。例えば、映画『カサブランカ』で、

「昨夜はどこにいたの？」

「そんな昔のことは覚えていない」

「今夜は会える？」

「そんな先のことはわからない」

という女と男のやりとりは有名です。説明するのは少々やぼったいですが、近い時間を「昔」とか「先」という点は斬新なものの、それ自体は軽妙な言い回しのアイディアであって、表現としては著作物とまではいえないのではないでしょうか。

もっとも、著作物にあたるか否かは微妙な判断を必要としますので、短いから著作物にはあたらないと安易に決めてしまうのは危険です。著作物にあたるとしても、**引用**（➡ p.95「制限規定とは何か②」参照）に該当すれば権利者の許諾なしに利用して問題がないのですから、著作物にあたることに間違いない場合のみならず、著作物にあたるか否か微妙な場合にも、**引用の要件を満たすようにして利用する**のが、実際には無難な対応といえるでしょう。

引用には、最高裁判所の基準によれば、

①どこが引用された部分で、どこが自分の創作した部分であるかがわかるように区別すること

②引用される他人の著作物が従で自分が作成する部分が主であるよう、内容的な主従関係があること

③引用される側の著作物の著作者人格権を侵害しないこと

が条件とされています。ただし、「制限規定とは何か②」で説明したとおり、近時地裁・高裁レベルでより柔軟な全体考察に基づく引用の基準が示されるなど、この部分は判例の振れ幅の大きな領域です。また、引用する場合には**出典の明示**が求められます。

🎭 舞台上で引用や出典の明示を行う方法

　書籍などで他人の文書を引用する場合には、この①（**明瞭区分性**といいます）や**出典の明示**は、引用する部分にかぎ括弧をつけるなどし、直後に引用した文章の作品名や作者を記載すればよいので困難ではないですが、舞台上ではどうすればよいでしょうか。

　この点、出典の明示について、著作権法では、複製以外の方法で利用する場合には、必ずしも出典を明示する必要はなく、**明示する慣行がある場合だけ要件を満たせばよい**というルールを採用しています。上演の場合、例えば、出演者の誰かが他の作品中の文章や台詞を口ずさんだあとで、他の出演者が「○○の小説ですね」と応じるといった方法がとられる場合があります。また、上演にあたって会場で販売・配布されるパンフレットなどでも、引用作品の出典を示す慣行が定着しているとまではいえないかもしれませんが、その点は曖昧なので、出典を掲載する方が無難といえます。

　明瞭区分性については、著作権法に明確な規定はありませんが、やはり文章に記載する場合とは異なり、上演で他の作品を利用する場面はさまざまですから、必ずしも明瞭に区分することができるとは限らないでしょう。しかしながら、前述したように、他の作品中の文章や台詞部分をある出演者が口ずさみ、本人や他の出演者が他の作品からの引用であることを指摘する筋の運びによって、明瞭区分性を確保する例も見られます。

非営利目的の
上演・演奏等を行う場合の注意点

🎭 「非営利目的」の要件

　「制限規定とは何か②」（➡ p.95）で説明したとおり、**非営利目的の上演等**に該当すれば、著作権者の許諾を得ることなく、他人の作品（脚本や音楽など）を、公に上演・演奏などすることができます。

　もっとも、「制限規定とは何か②」でも説明したように、非営利目的の上演等と認められるための要件は、

①営利を目的とせず、

②聴衆・観衆から入場料その他名目を問わず一切の対価を徴収せず、

③実演家に出演料などの報酬が支払われない

ことが必要で、非営利目的の上演等と認められる場合は限られてきます。

　①営利を目的としないという要件は、②の対価をとらないという要件とは別に必要なので、対価をとらなければ非営利なのだというわけにはいきません。入場無料であったとしても、会社など営利企業が主催・共催しているケースであれば多くの場合は営利目的ですし、企業が労働者の勤労意欲を向上させるために社内向けに上演を行っても営利目的にあたると考えられます。

　②対価の点は名目を問わないため、たとえチャリティー目的で実際に収入を全額福祉施設などに寄付する場合であったとしても、お金を支払わないとその催物を観られないのだとすると、対価を徴収している扱いになってしまいます。単に入り口に募金箱を置く程度にして、お金を出さなくても入場できるようなしくみにする必要があります。

　③実演家に対する報酬も、例えばお車代という名目にしたとしても、実際の交通費を超える金額を渡す場合には報酬と認定されてしまう場合があります。したがって、せっかくの企画なのでプロの実演家を招いてイベントをや

ろうなどと計画する場合には、非営利の上演等にあたるようにすることは困難です。

著作者人格権にも要注意！

　以上のように非営利の上演等にあたる場合は限定されているため、実際にこの要件にあたるのは、高校の文化祭でのバンド演奏や、市民団体での上演・朗読などでしょう。なお、著作権者の許諾はいらないとはいえ、**著作者人格権**（➡ p.71「著作権・著作者人格権とは何か④」参照）を侵害してはいけないので、著作者の意に反するような改変には注意が必要です。

　上演時間、予算、準備できる舞台セットによる制約、あるいは未成年者であることや教育上の観点から、喫煙シーンやヌードシーンを変えなければならないなど、高校生が作品を上演する場合には、元の作品を変更しなければならない場面が結構あるでしょう。そのような変更が、元の作者の意図を歪めてしまうレベルであるならば、たとえ高校生による上演でも、著作者人格権を侵害しないよう**著作者の承諾を得る**のが安全ではあります。

　また、非営利の上演等にあたれば、著作権者の許諾が必要なく、かつ利用に対する対価を支払う必要もないのですが、実際には、前述の改変との関連もあってか、高校演劇の現場では、控えめな金額の上演料を支払って、劇作家から上演許諾を得るように指導する例が多いようです。

会場での録音・録画・写真撮影を
禁止できるか？

　コンサート会場などで、観客が無断で演奏を録音・録画することや写真撮影することは、著作権法上禁じられる行為といってよいでしょうか。

「私的複製」として許される行為か

　録音・録画は、著作権者の著作権（複製権）の侵害にあたり、実演家の著作隣接権（録音権・録画権）の侵害にあたります。写真撮影も著作権（複製権）の侵害にあたります。したがって、会場で録音や録画をすることは、これらの権利の侵害になります。

　しかし、問題はそこでは終わりません。観客が、個人的な思い出のために、あるいは家庭内で鑑賞する目的で、会場で録音・録画や撮影をする場合はどうでしょうか。

　「制限規定とは何か②」（➡ p.95）で説明したとおり、著作権法上、**私的複製**に該当すれば、許された行為として、権利者の許諾なしに行うことができます。私的複製と認められるためには、家庭で受信したテレビをビデオ録画する場合や、家庭にある音楽 CD をスマホにとりこむなど、「その複製自体が家庭内で行われなければならない」といった条文上の限定はないため、コンサート会場における録音や録画も、私的に鑑賞する目的であるとすると、著作権法上は許された利用という位置づけになるようにも考えられます。

観客による録音・録画・写真撮影をどこまで制限できるか、制限すべきか

　では、コンサートなどの主催者側は、観客による録音・録画などを禁止できないのでしょうか。

　主催者側は、①著作権侵害の予防、②施設管理権、あるいは③契約を理由に、観客による録音・録画を禁止できるという立場をとるケースが多いようです。

　まず、**著作権侵害の予防**の点です。私的に鑑賞する目的であれば、前述のとおり著作権法上は許された行為になるようにも思えますが、本当に私的に鑑賞する目的であるか否かは主催者側にはわかりません。また、私的複製にあたることは録音・録画をする個人が証明すべき問題です。そこで、主催者としては、私的複製の証明がなく、著作権が侵害される可能性が残るという観点から、著作権侵害を予防するために録音・録画を禁止できると考えるケースがあります。

　次に**施設管理権**とは、多数の観客が来場するコンサートなどの会場において、来場者が安全かつ快適に公演を楽しむことができるように、主催者側が施設内における一定のルールを定めて遵守を求める権限のことです。録音や録画、あるいは写真撮影などが他の入場者にとって実質的に迷惑になる行為であれば、主催者側は、施設管理権に基づいて、録音・録画や撮影を禁止し、あるいはそのための録音・録画機材の会場への持ち込みを断ることもできると考えられます。

　さらに、コンサート会場などでは録音・録画や撮影が禁止されるという習慣が定着してくれば、観客は、そのような行為は禁止されているとわかったうえで、入場料を支払ってチケットを購入していることになります。その場合には、録音・録画などをしないことはチケットを購入して公演を鑑賞する**契約**の内容になるので、主催者側としては、契約に基づいて録音・録画などを禁止できることになります。実際、コンサート会場では、録音・録画や写真撮影をしないようにアナウンスで呼びかけられたり、入り口にその旨が掲示されることが一般的です。無論、チケット購入時などに録音・録画を禁止する「販売規約」などにはっきりと同意を得ていれば、それは入場者との契約として基本的に拘束力が生じます（➡ p.236「巻末資料」参照）。

　他方、最近ではイベントの際に写真撮影や録画を完全に禁止はせず、少なくともカーテンコールなど特定のシーンは撮影を自由としたうえで、むしろ積極的にソーシャルメディアなどで拡散するように呼びかけるケースも増えています。これは、ネットを中心にイメージを拡散することで、イベントへの注目度が高まりかえって観客動員にプラスにはたらく、という認識が高まってきたためといえるでしょう。

イベントの中継放送・DVD 化の権利処理❶
——誰がどのような権利をもっているか？

　コンサートや演劇の舞台公演を例にとって、イベントをテレビ放送したり、録画映像を DVD 化したりする場合の権利関係について考えてみます。まず、誰がどのような権利をもつか（利用者の立場からは、誰から許諾を得る必要があるか）を、著作権者と実演家に分けて検討します。

著作権者がもつ権利

　この場合にかかわってくる**著作物**を考えてみます。ステージ作品は総合芸術といわれ、さまざまな著作物が関係するため、台本、音楽、舞台衣装、舞台装置などがかかわってきます。

　次に、それぞれの著作物についての**著作権者**を考えてみると、台本については脚本家が、もし作品に原作があれば原作の作家が著作者としてかかわってきます（➡ p.162「原作と著作権②」参照）。衣装については衣装デザイナーが（➡ p.138「舞台美術家③」参照）、舞台装置については装置をデザインした舞台装置家が（➡ p.134 〜 137「舞台美術家①・②」参照）その著作権者ということになるでしょう（なお、ここにあげたのは著作者ですが、著作権の譲渡や相続が生じている場合には、著作者と著作権者が異なる点に注意が必要です（➡ p.76「著作者と著作権者①」参照））。

　そして、テレビ放送や DVD 化という利用が、著作権者の有するどのような権利にかかわるかというと、テレビ放送は、著作権法上の利用形態としては公衆送信（➡ p.68「著作権・著作者人格権とは何か③」参照）の一つである放送に該当し、DVD 化は複製に該当し、作成した DVD の販売やレンタルは頒布や譲渡・貸与（➡ p.69、前掲）に該当するので、テレビ放送は著作権者の**公衆送信権**、DVD 化は**複製権・頒布権**などにかかわります。

　著作者は、それぞれ自分の著作物について公衆送信や複製を許諾するか否

かを個別に判断することができますので、テレビ放送や DVD 化をするにあたっては、上記の著作権者の誰かからまとめて許諾を得れば済むということではなく、それぞれから許諾を得る必要があるのが原則です（ただし、音楽については、JASRAC などの著作権等管理事業者が権利を管理しており、こうした団体に使用料を支払えば済む場合が多いでしょう（➡ p.178「ライブイベントにおける音楽の利用①」参照））。また、舞台中継や DVD 化にあたっては、**著作者人格権**への配慮も必要です（➡ p.71「著作権・著作者人格権とは何か④」参照）。

実演家などの著作隣接権者がもつ権利

かかわってくる実演家（➡ p.82「著作隣接権とは何か①」参照）としては、出演する歌手や演奏家、俳優、演出家、指揮者などがいます（➡演出家の位置づけについては p.126 を参照）。

テレビ放送は、実演家の**放送権**にかかわり、DVD 化は実演家の**録音権・録画権**（➡ p.84「著作隣接権とは何か②」参照）にかかわってきますので、著作権者からの許諾とは別途、各実演家から許諾を得る必要があるのが原則です。なお、放送事業者は、放送について許諾を得れば、著作物をビデオ、フィルムに固定できますが、あくまでも放送のための固定なので、別途の許諾なしには 6 か月を超えて保存することはできません。

また、**実演家人格権**にも配慮する必要があります（➡ p.86「著作隣接権とは何か③」参照）。

さらに、音楽 CD など既存の音源を DVD 化のために利用する場合、上演や放送の場合と異なって、**レコード製作者の権利**（**原盤権**）としての複製権もかかわってきますので、レコード製作者からの権利許諾も必要です。

イベントの中継放送・DVD化の 権利処理❷
──権利者から利用許諾を得る際の注意点

　前項に続き、ここではイベントの中継放送やDVD化を行うにあたって、権利者から利用許諾を得る場合の注意点について考えてみましょう。

契約時に重要な利用の範囲と条件

　著作権者や実演家などの著作隣接権者は、自分の著作物の利用を許諾するにあたっては、さまざまな条件をつけることができます。もちろん、実際の契約では、交渉力（バーゲニングパワー）がかかわってきますので、利用者が有力な団体で権利者が無名の新人である場合など、利用者の提案を受け入れざるを得ない場合もあるでしょう。

　条件としては、例えば、放送の許諾につき、どの時期、どの地域（どの系列ネットワーク）に何回放送できるか、衛星か地上波かCATVかといったメディアの種類などがあります。ことに、舞台での公演や再演が予定されている期間と中継の関係など、時期の点は重要です。

　放送の許諾の場合でも、DVD化の許諾の場合でも、**対価をどうするか**は大切です。大きく分けて、固定額にする方法、放送回数あるいはDVDの売上によって変動させる方法、両者を組み合わせる方法が考えられます。

　また、著作権者の立場からは、**表現面のコントロール**をどこまで確保できるかも重要な関心事です。録音や録画のクオリティが自分にとって納得のいくものであるか否かを、放送やDVD化に先立って検証できるしくみを条件として入れることができるとよいのですが、放送局との調整局面となるでしょう。

　実演家などにも、著作権者について述べたことがほぼ当てはまります。ただし、実演家については「著作隣接権とは何か②」（➡ p.84）で説明したとおり、いったん録音や録画を実演家が許諾するとその後ある種の権利主張がで

きなくなるという、いわゆる**ワンチャンス主義**の問題があるため、ことに慎重な対応が必要です。

したがって、後に権利主張をしたい場合に、ワンチャンス主義によって主張が妨げられることのないよう、実演家としては最初の契約の段階で、どのような範囲で利用を許諾し、あるいは許諾しないのかをハッキリとさせておくことが大切です。

注意を要する主催者自らの利用

イベント中継により放送された映像、あるいは作成されたDVDは、映っているのがイベントの模様であるとしても、主催者から利用許諾を受けて放送をした者、あるいはDVD化した者の権利などがかかわってくるため、主催者も勝手に利用できないことに注意が必要です。

まず、放送については、放送事業者が**著作隣接権**としての複製権や送信可能化権などをもちます（➡ p.88「著作隣接権とは何か④」参照）。したがって、放送された中継を録画してプロモーション用に複製し、あるいは主催者のホームページで映像を見られるようにすることは勝手にはできません。また、映像について放送事業者が**著作権**をもつとも考えられます。したがって、中継の許諾をする際、撮影された成果を主催者も利用できるよう、逆に許諾を得たり、権利を譲り受けたりする必要があります。

同様に、DVD化については、DVD映像を作成した者に、映像についての**著作権**がある場合が多いので、主催者側もDVD映像を利用したい場合に許諾を得たり、権利を譲り受けたりする必要があります。さらに、脚本家などの著作権者から上演についての許諾しか得ていない場合には、その録画物を利用することについて別途許諾を得る必要があります。

イベントをネット配信する場合の
権利処理

　「イベントの中継放送・DVD 化の権利処理①・②」（➡ p.204 〜 207）で放送と DVD 化のことを検討しましたが、イベントをネット配信（ここでは SNS 投稿等も含みます）する場合には、どのような点を考慮する必要があるでしょうか。放送と DVD 化の場合とネット配信とでは、異なる注意点があるでしょうか。

😺😸 ネット配信の著作権法上の位置づけ

　ネット配信は、著作権法上は**自動公衆送信**やその前提である**送信可能化**（➡ p.68「著作権・著作者人格権とは何か③」参照）を伴います。著作権者は送信可能化権を含む**公衆送信権**をもち、著作隣接権者は**送信可能化権**をもちますので、それぞれからネット配信にあたって許諾を得るべきことになります。その際にかかわってくる著作権者や実演家などの範囲は、テレビ中継や DVD 化についての説明と同一です。

　なお、実演家の送信可能化権は、いわゆる**ワンチャンス主義**によって、いったん実演の録画を許諾すると消失するため、用途を問わずに録画への許諾を得ていたのであれば、サントラ盤など聴覚的なもののネット配信を除き、実演家からはあらためて許諾を得る必要はありません（➡ p.84）。

😺😸 音楽を伴う動画のネット配信

　音楽を伴う動画のネット配信につき、例として JASRAC の管理楽曲を利用する場合を中心に説明します。JASRAC では、音楽を動画とともにネットで配信する場合には、**インタラクティブ配信用の使用料規程**を用意しています。

　この使用料規程では、ネット配信が**ダウンロード形式かストリーム形式**か

によって区別をしています。ダウンロード形式は、内容を受信先である記憶装置（PC、スマホなど）に複製して利用させる配信の形式をいい、ストリーム形式は、受信先である記憶装置に複製せずに利用させる配信の形式をいいます。

ネット配信がダウンロード形式の場合、「主として音楽により構成される映像作品」以外（映画・ドラマなど）であれば、2024 年 3 月までは、月間の情報料および広告料等収入の 2％が使用料になります。主として音楽により構成される映像作品（音楽コンサート・ライブ映像など）をダウンロード形式で配信する場合は、2024 年 3 月までは、その料率が 3.2％です。いずれの場合も算定した月額使用料が 5000 円を下回る場合は 5000 円になります。

ネット配信がストリーム形式の場合には、配信するコンテンツが、主として音楽により構成されているものであるか、あるいはスポーツ・ニュース等音楽の利用比率が低いものであるかなどの区分によって使用料が異なります。

なお、編曲を伴う利用の場合など利用法によっては、JASRAC からの許諾だけではなく、事前の著作者の同意が必要になる場合があります。また、映像に音楽を収録する場合は、一般に「**シンクロ（シンクロナイゼーション）利用**」と呼びますが、インタラクティブ配信のほかに**ビデオグラムの規程**に基づく別途の許諾を要する場合があります。とくに外国曲では、基本的に**指値**（JASRAC の使用料規程に定める一定の金額ではなく、権利者と別個に定める金額）による使用料額の支払が必要になります。つまり、支払窓口は JASRAC としつつも、権利者との個別交渉が必要になるので注意が必要です（➡ p.196）。利用しようとする個別の楽曲ごとに JASRAC のデータベース（J-WID）で検索し、不明点があれば JASRAC の担当窓口に問い合わせるとよいでしょう。（こうしたシンクロ処理の考え方は、NexTone などの他の管理団体でも基本的には同じです。）

収録を伴う場合と異なり、ライブ映像の生中継は、インタラクティブ配信の許諾を JASRAC から得ることのみで利用可能です。

🎭 海外に配信する場合

2020 年以降、コロナ禍が広がるなかで国際的な人の往来が制限され、ラ

イブも国際的にネット配信されることが多くなってきました。音楽を含む動画を海外にも配信する場合には、配信先となる国の音楽著作権管理団体と契約を締結し、使用料を支払うことになります。JASRAC管理楽曲の場合には、JASRACが国際的に提携している現地の音楽著作権管理団体が契約相手になります（これは、後述する投稿サイト・SNSへの動画投稿でも同じで、JASRAC等の包括契約で処理されるのは、じつは日本国内での配信だけです。実際には投稿サイトなどで投稿者が各国で音楽著作権処理をするのは困難なため、ある程度ゆるやかに行われているようですが、念頭においておかれるとよいでしょう）。

図14│動画投稿（共有）サイトに関するフローチャート

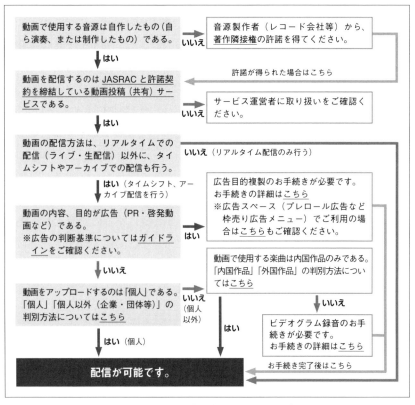

（出典）JASRACのホームページ「動画投稿（共有）サービスでの音楽利用」の図
https://www.jasrac.or.jp/info/network/pickup/movie.html

沸き立つバーチャルライブ、ライブビュー、デジタルアーカイブと著作権

　第Ⅰ章で詳述したとおり、デジタル社会の進展につれて、各種の配信はライブイベントにおいてもメインストリームに躍り出ました。それらは、ソーシャルビューイング、バーチャルライブ、個人のライブ配信の隆盛などの形をとり、コロナ禍の巣ごもりのなかで加速します。花開くライブイベントのデジタルアーカイブ活動も、この動きのなかに加えることができるでしょう（➡ p.49「ライブイベントとデジタルの融合」ほか参照）。

🎭 デジタルアーカイブと著作権

　デジタルアーカイブであれば、著作権法の制限規定によって権利処理不要で行えることも少なくありません。とくに、2018 年改正による**所在検索サービスのための軽微利用規定**は、舞台における前述の「EPAD」など、多くのアーカイブ事業にとっても根幹規定となるものです（➡ p.50）。

　この規定では、書籍・音楽 CD などかつて公衆に提示された著作物について、それがどこに存在する何という作品であるかを検索するサービス（**所在検索サービス**）について、そのためのアーカイブ化（すなわちデジタル複製によるデータベース作成）と、検索結果としてメタデータを表示する際に、同時に対象作品の軽微な部分（検索用語を含む 2、3 行の抜粋や、特徴的な映像箇所など）の公衆への送信を認めています（47 条の 5）。すなわち、検索サービスのためであれば、既存資料のデジタルアーカイブ化と小部分の抜粋の配信は認められることになります。

　また、これに先立つ図書館・博物館など（図書館等）関連の著作権法改正では、市場で入手困難な所蔵資料（絶版等資料）の館によるデジタル化が認められました（31 条 1 項 2 号）。さらにこうしてデジタル化された資料は、非営利・入場無料などの条件を満たせば、館内で閲覧させることや、非営利の

EPAD 事業の一翼をになう早稲田大学演劇博物館の「Japan Digital Theatre Archives」

教育機関での講義のための複製・公衆送信も可能となります（38条、35条ほか）。

　EPAD 事業では、こうした例外規定を組み合わせて非許諾で行う利用と、そして音楽はじめ多くの権利者団体の協力を得て行う許諾利用の組み合わせにより、舞台映像という未処理の権利の塊といえる資料について、短期間で1700本の収集・館内公開と400本以上の商用配信が可能となりました。

🎭 音楽の権利という壁

　こうした非許諾で可能となる利用を除いて、ライブイベントの配信・デジタルアーカイブ化にとって大きな課題は音楽の権利処理です。とくに音楽著作権では、前述のとおり外国曲の映像利用は**シンクロ処理**という指値交渉の対象となります（➡ p.209 参照）。交渉はしばしば、本国の音楽出版社との（日本の SP ＝サブパブリッシャーなどを介した）協議事項となり、連絡が難航したり、プロジェクトにとっては負担困難な対価に帰結したりします（➡ p.184「外国音楽の権利処理のポイント」参照）。

　なお、外国曲でもコンサートの同時ライブ配信のみであれば、映像への音楽の収録を伴いませんので、シンクロ処理は不要となり、JASRAC 等の管理楽曲であれば定型的な処理だけで可能です。また、YouTube など多くの投

稿サイト・SNS は JASRAC 等と包括契約を交わしているため、ライバーなど個人の動画投稿であれば外国曲でも指値交渉は不要で、企業・団体による（宣伝動画などを除く）動画投稿でも、国内曲であれば個別の JASRAC 等への申請等は不要です（➡ p.210 図 14 参照）。この画期的な包括契約は、かつて JASRAC とニコニコ動画との共通の努力で道が開かれた、世界でも類例の少ない先駆的な試みでした。

🎭 原盤の権利処理

　音楽の権利処理のもうひとつの壁は、**原盤権**です。前述のとおり、レコード製作者などの著作隣接権は演奏利用には及びません。よって、例えば既存の音源を舞台上で再生する際には、JASRAC など著作権等管理事業者の処理だけで足ります。このことも理由として、日本の舞台芸術では古今東西の音楽をかなり自由に舞台音楽として利用できてきました。

　しかし配信では（放送とも異なり）著作隣接権の処理が必要になります。そして長い間、この原盤権は音楽著作権のように集中管理はされておらず、無数のレコード会社ごとの個別処理が基本でした。その結果、過去の貴重なコンサートや舞台映像をアーカイブ配信しようとすれば、原盤権処理が最大の壁となって浮上します。

　前述 EPAD はこの点を日本レコード協会や各社の全面的な協力によって乗り越えましたが、個別の主催団体にはなかなか困難な場面が多いでしょう。

🎭 高まる集中管理への期待

　こうしたライブイベントの配信やデジタルアーカイブ化の増加につれて、原盤権をはじめかかわる各種権利の集中管理への期待は高まっています。日本レコード協会は高まる要望を受けて、2020 年秋からウェブキャスティング（一括配信）を対象に、原盤権の集中管理に乗り出しました。音楽が全体の半分以下などの条件（スポーツではこの限定はなし）を満たしたライブイベントについて、一斉の配信のみは同協会が窓口として定型的な許諾を可能としています。さらに、他分野でも権利情報データベースづくりや集中管理の促進が、政府知財推進計画や文化庁の方針として掲げられています。

イベント映像の
ネットでの拡散について

コピープロテクションへの対応

　ネット配信については、放送やDVD化とは異なった注意が必要です。すなわち、ネット配信によって、いったんデジタル情報として流されると、いわば世界中の端末で劣化しないでコピーされる危険性が飛躍的に増大するため、著作権者としては、いわゆる**コピープロテクション**★19 を取り入れるように要求したい場合もあるでしょう。さらに、コピー技術も日進月歩で発達しているので、一定期間にわたってネット配信を許諾する場合には、契約時点のみならず、配信時に有効なコピープロテクション技術を盛り込むよう要求することが考えられます。

動画投稿（共有）サイトへのアップロード

　前述のようにJASRAC等の管理楽曲を伴うイベントの動画を、YouTubeやニコニコ動画などの動画投稿（共有）サイトにアップロードする場合には、YouTubeやニコニコ動画などの動画サイトがJASRACと**包括的利用許諾契約**を締結しているため、手続が不要になる場合があります（➡ p.212 参照）。

　音源として市販のCD等を用いる場合にはレコード会社の許諾が別途必要になりますが、例えば、個人の方が自ら演奏した音源を用いて広告目的以外で動画をYouTubeやニコニコ動画などのJASRACと契約のある動画投稿（共有）サイトにアップロードする場合には、JASRACへの手続なしに行うことが可能です。

★19　受信した人が勝手にコピーできないようにするための技術的な保護措置。

動画投稿（共有）サイトに無断アップロードされたら

　これまでは、自分が主体となって動画を配信する場合を見てきました。そうではなく、自分が著作権を有する映像を他人に無断で動画投稿（共有）サイトにアップロードされてしまった場合には、どのような対応が可能でしょうか。

　例えば、YouTube では、トップページからリンクの貼られた「著作権」というページに行くと、「DMCA（デジタルミレニアム著作権法）のウェブフォーム」を送信できるしくみが用意されています。この通知により、権利を侵害していると思われる削除対象の動画 URL などを伝えることで、アップロードされているコンテンツの削除をリクエストできます。また、一定の権利者には、アップロードされた自分の作品が自動検出され、アップロードをブロックしたり逆に広告収入を得たりすることを選択できる、「コンテンツ ID」というプログラムも提供されています。

　文化庁のウェブサイトには、「海賊版対策情報ポータルサイト」（https://www.bunka.go.jp/seisaku/chosakuken/kaizoku/index.html）というコーナーが設けられており、「初めての『削除要請』ガイドブック」などの情報を掲載しています。同ガイドブックでは、「削除要請の手順と方法」を掲載しており、削除要請フォームや運営者のメールアドレス情報を探す方法などを紹介しています。ウェブサイトが用意している削除要請「フォームを利用した場合には、権利者の手元に削除要請の履歴が残らないため、削除要請をした記録を残しておくのが望ましい」といった実務的な説明も含んでいて参考になります。削除要請の通知は、実務上英語で行うよう求められることが多いのですが、文化庁の同サイトでは、メールでの通知や削除要請通知の参考書式も掲載しているほか、相談窓口も設けています。

出版・映画化などに
二次利用する場合の権利処理

　興行的に成功をおさめた舞台公演などについて、出版や映画化などの話がもちかけられることがあります。どのような注意点があるでしょうか。

出版の権利処理と出版権の設定契約

　出版は、公演の際に用いた脚本をそのまま出版する話であれば、脚本を書いた劇作家の**複製権**の問題になり、劇作家から許諾を得ればよいことになります。実際の舞台を踏まえて、新たに別の作家が、例えば小説などに書き直す場合は、**翻案権**が浮上します。著作者人格権（➡ p.71「著作権・著作者人格権とは何か④」参照）としては、いずれの場合も劇作家の**氏名表示権**の問題となり、書き直す場合には**同一性保持権**の問題となります。同一性保持権はタイトルにも及びますので、演劇のタイトルを書籍にする際に勝手に変えられない点にも注意が必要です。

　出版については、著作権法上、**出版権の設定契約**という制度もあります。これは他の出版社から同じ本を出してもらいたくない場合に、著作権者と独占的な出版について契約するしくみです。独占期間は、出版権設定契約にとくに定めをおかない場合は、最初の出版から**3年間**です（契約をした時点から3年間ではありません）。他方、出版権の設定を受けた出版社は、とくに契約に規定がない場合、原稿の引渡しを受けてから6か月以内に著作物を出版する義務などを負います。

　なお、出版権の設定契約を結んだ場合でも、そのことを文化庁に登録しないと、他の出版社が同じ著作物について出版権設定などを受けても、自分が独占的に出版する権利をもっているのだと主張することはできません。出版権の設定契約を締結した当事者である劇作家に対して契約違反を主張できることと、契約の当事者ではない第三者（他の出版社）への効力は別のことだ

からです（このように第三者にも主張できることを**第三者対抗要件**といいます）。出版権は、2015 年から電子出版についても設定可能になりました。また出版権とは別に、2021 年 1 月 1 日施行の著作権法改正によって**当然対抗制度**というしくみが導入されました。著作物の利用許諾を受けた者は、著作権の譲渡を受けた人や出版権の設定を受けた人に対して、自己の利用許諾を受けた権利を対抗（主張）できることになりました。そのため、出版権設定契約を結ぶよりも先行して利用許諾を受けた人がいる場合、登録をしたとしても、その先行者による利用を止められない点にも注意が必要です。

　以上のような出版権の設定ではない単なる出版の許諾も実務上はよくあります。この場合には、出版権の設定契約に関する 3 年間の独占期間といったルールは直ちには適用されません。

　出版の場合には、文章で描写するだけであれば、許諾が必要なのは劇作家だけですが、実際の舞台の撮影シーンを載せる場合には、そこに写っている舞台装置のデザイナーの権利や写真撮影者の著作権などもかかわってくるため、別途それらの人から許諾を得る必要があります。

🎭 映画化の権利処理と注意点

　映画化にあたっては、劇作家の承諾が出版の場合と同様に必要ですが、さらに上演で用いられた舞台装置と類似のセットで映画撮影を行う場合や、舞台衣装と類似の衣装で映画撮影を行う場合には、舞台装置のデザイナーや舞台衣装のデザイナーの**翻案権**や**上映権**もかかわってきますので、それぞれの許諾を得る必要があります。

　なお、こうして製作された映画の著作物については、脚本家や原作者の権利を除き、映画製作者に著作権を集中させる規定があるので注意が必要です。そのため、監督や映画の美術を担当したデザイナーは、例えば映画化作品を DVD 化するなどの話が出た場合にも法的には権利主張できません。他方、脚本家などは、映画の著作物が脚本・原作の二次的著作物に位置づけられる結果、映画の著作物の利用について、**二次的著作物の利用権**（➡ p.68「著作権・著作者人格権とは何か③」参照）をもちます。よって、あらためて DVD 化を許諾するか否かを判断することができます。

海外にライセンスする場合
注意すべき点は？

　能・狂言や歌舞伎などの伝統芸能は、海外へのライセンス（利用許可）よりも演者ごと海外に招へいされる場合が多いでしょうが、現代劇やダンスなどの脚本や振付などだけを海外にライセンスする場合には、どのような点に注意すればよいでしょうか。

準拠法と裁判管轄の問題

　まず、契約当事者が複数の国にまたがる国際的な契約を締結する場合一般に当てはまることですが、海外と契約を締結する場合には、準拠法と裁判管轄の問題が生じます。

　準拠法とは、国が異なれば法律も異なるため、紛争などが生じた場合に、当事者のいずれの国の法律を適用するかという問題です。**裁判管轄**の問題とは、紛争が生じた場合にいずれの国で裁判を行うかという問題です。一般的には、やはり慣れている日本法を準拠法とし、裁判管轄は日本とする方が有利といえます。海外で裁判をするとなると、行くだけでも大変ですし、現地の弁護士に委任する必要も出てくるため、海外に裁判管轄がある場合には、紛争になっても実際は泣き寝入りをせざるを得ない場合もよくあります。

　もっとも、著作権などを海外ライセンスする場合には、必ずしも裁判管轄を日本とし、日本法を準拠法とするというだけで話が済むわけではありません。というのは、ライセンスに基づいて海外で公演が行われた際に海外側に契約違反などがあって、公演の差止を求めたい場合などに、日本で裁判を起こすことができ、その結果勝訴判決をとれたとしても、日本の判決の効力を、直ちにその海外の国に及ぼすことはできないからです。

　国によっては、別途手続をとれば、日本の判決の効力をもたせられる場合もありますが、そのような効力をもたせられない国もあります。そのため、

差止請求や、ライセンス料の未払があって請求したい場合などには、相手方の国で裁判を起こさざるを得ない場合もあるからです。

このような点を踏まえると、そもそも事後の紛争を回避すべく、例えば、ライセンス料の支払時期を早期に設定すること（例えば、契約締結時に全額あるいは何％か支払ってもらう）や、事前に契約相手方をよく調べて、実績や定評のある相手方であることが確認できなかったらライセンスしないといった判断が重要になってきます。また、**仲裁**（当事者が、第三者にあたる仲裁人を選び、仲裁人に紛争の解決を委ねるしくみです）の合意をしておけば、条約によって多くの国でその判断に効力をもたせることもできます。

「ロイヤルティ」の落とし穴

ライセンス料を定額とするのではなく、収入の実績と連動させる場合（一部を定額としたうえで、別途実績ベースの収入と組み合わせる場合も同様）には、**ロイヤルティ**（使用料）を何％とするかにのみ注意がいきがちですが、**「何の」何％とするか**が重要です。

先方から分厚い契約書のドラフトが送られてきて、例えば、ロイヤルティはグロスレシート[20]の20％と書いてあったとしましょう。率として悪くないと思っていたところ、よく読んでみたら、グロスレシートの定義があり、たくさんの経費を控除したあとの金額であり、実際はグロスレシートがほとんどゼロになるため、一向にロイヤルティが発生しないといったことも起こりかねないからです。

また、収入の実績と連動させる場合には、相手方が報告してくるロイヤルティの金額が正確か否かを確認するための手段として、（堅いようですが）相手方の**帳簿閲覧権**の規定をおくことが考えられます。さらに、表現面をコントロールする観点から、稽古や舞台衣装の準備段階などで現地に確認に行く権限や、あるいはビデオや写真の送付を受けて、承認をするか否かを判断できる権利を確保することが望ましいでしょう。

★20　Gross Receipt　直訳すれば総収入。

主要参考文献

- 相徳昌利著『コンサートスタッフ入門』（中央経済社、1995 年）
- 安藤和宏著『よくわかる音楽著作権ビジネス基礎編 6th Edition』『同 実践編 6th Edition』（リットーミュージック、2021 年）
- 池村聡著『はじめての著作権法』（日経文庫、2018 年）
- 片山正夫著『セゾン文化財団の挑戦』（書籍工房早山、2016 年）
- 加戸守行著『著作権法逐条講義 七訂新版』（著作権情報センター、2021 年）
- 斉藤博著『著作権法 第 3 版』（有斐閣、2007 年）
- 作花文雄著『詳解著作権法 第 6 版』（ぎょうせい、2022 年）
- 島並良・上野達弘・横山久芳著『著作権法入門〔第 3 版〕』（有斐閣、2021 年）
- 田村善之著『著作権法概説 第 2 版』（有斐閣、2001 年）
- 内藤篤著『エンタテインメント契約法 第 3 版』（商事法務、2012 年）
- 中山信弘著『著作権法 第 3 版』（有斐閣、2020 年）
- 半田正夫著『著作権法概説 第 16 版』（法学書院、2015 年）
- 半田正夫・松田政行編『著作権法コンメンタール 1 ～ 3 第 2 版』（勁草書房、2015 年）
- 町田樹著『アーティスティックスポーツ研究序説』（白水社、2020 年）
- 松原千代繁・榑松三郎編『芸術経営学講座 2 音楽編』（東海大学出版会、1994 年）
- 山田翰弘編『芸術経営学講座 3 演劇編』（東海大学出版会、1994 年）
- 紋谷暢男編『JASRAC 概論─音楽著作権の法と管理』（日本評論社、2009 年）
- 一般社団法人日本音楽出版社協会編『音楽著作権管理の法と実務 BASICS & BUSINESS 2021-2022 年版』（日本音楽出版社協会、2021 年）
- 文化科学研究所編集『公立文化施設職員のための制作基礎知識』（地域創造、2004 年）
- 一般財団法人地域創造「地域創造」各巻
- 公益社団法人日本芸能実演家団体協議会・実演家著作隣接権センター編『実演家概論─権利の発展と未来への道』（勁草書房、2013 年）
- 社団法人日本音楽著作権協会『会員・信託者のための Q & A』（日本音楽著作権協会、2003 年）
- ライブ・エンタテインメント調査委員会『ライブ・エンタテインメント白書 レポート編 2022』（ぴあ、2022 年）
- 文化法研究会編著『舞台芸術と法律ハンドブック 公演実務 Q & A』（芸団協出版部、2002 年）
- 骨董通り法律事務所編『エンタテインメント法実務』（弘文堂、2021 年）
- M. Halloran, *THE MUSICIANS BUSINESS & LEGAL GUIDE 5th Edition*（Routledge, 2017）
- D. S. Passman, *ALL YOU NEED TO KNOW ABOUT THE MUSIC BUSINESS 11th Edition*（Simon & Schuster, 2023）
- S. Shemel & M. W. Krasilovsky, *THIS BUSINESS OF MUSIC 10th Edition*（Billboard Books, 2007）
- 福井健策著『改訂版 著作権とは何か』（集英社、2020 年）

（前ページより続く）

- 福井健策監修・数藤雅彦責任編集『デジタルアーカイブベーシックスⅠ：権利処理と法の実務』（勉誠出版、2019 年）
- 福井健策著『18 歳の著作権入門』（ちくまプリマー新書、2015 年）
- 福井健策編著『新編エンタテインメントの罠 アメリカ映画・音楽・演劇ビジネスと契約マニュアル』（すばる舎、2003 年）
- 福井健策編著『エンタテインメントと著作権』シリーズ全 5 巻（著作権情報センター、2015 〜 2020 年）

■ 著者あとがき

【再・改訂版あとがき】

　初版が出てから17年、改題・改訂版から早くも8年が経過しました。この間、幸いにも本書は好評をもって迎えられました。これもひとえに、ライブイベントの各分野において第一線で活躍する方々から、本書の初版作成にあたって有益なアドバイスをいただいたおかげです（それらの方々のお名前は「初版あとがき」に記載）。改訂版の作成にあたっても、わかりやすさ、読みやすさを優先している点は初版と変わりません。本書が、現場のクリエイター、スタッフあるいはライブイベントの実務を学びたい法律関係者の参考になれば幸いです。

【初版あとがき】

　他のエンタテインメントと異なるライブ・エンタテインメントの大きな特徴として、観客・聴衆と演者とがパフォーマンス時に時間と空間を共有する点をあげることができます。すでに完成された映画を放映し、あるいは印刷されたマンガを販売するのとは異なって、ライブ・エンタテインメントでは、観客・聴衆の反応を生で感じながら演者がパフォーマンスをします。観客・聴衆の"ノリ"が、演者のパフォーマンスに影響を与え、さらに観客・聴衆も盛り上がるというスパイラルが形成されるのです。演目は同じでも、その日、その日で出来不出来も異なってくる点にライブ・エンタテインメントならではの醍醐味があり、また難しさがあります。

　本書は、ビギナーでも使える本として、わかりやすさ、読みやすさを優先しました。そのため、法律に関するこまかい例外の説明や、根拠となる法律の条文紹介を省略し、あるいは法律上正確な用語を使っていない場合もあります（法律上一般的には「要件」という語を用いるところを「条件」とするなど）。このように、正確性を犠牲にしている面も少なくありませんが、その点は、読者のみなさんがさらに著作権に関する書籍を読むなどして、自ら研究を深めることで補っていただくことが前提となっています。本書がその

ような読者の関心を呼び起こすきっかけになれば、筆者として大変うれしいことです。

　本書は筆者二名の共同執筆ですが、第Ⅰ章「ライブ・エンタテインメントのしくみと動向」と第Ⅱ章2「ライブ・エンタテインメントの各プレーヤーと著作権」は福井健策が分担し、第Ⅱ章1「ライブ・エンタテインメントにかかわる著作権」は二関辰郎が分担し、第Ⅲ章「ライブ・エンタテインメントの著作権・実践編」は、いくつかの項目ごとに各自が分担し、それぞれ内容については十分協議しつつ作成しました。

　ライブ・エンタテインメントの現場感覚と遊離してはいけないことから、本書の作成にあたっては、コンサート分野や招へいビジネス全般について株式会社キョードー東京の山崎芳人社長および沢辺清営業管理部長、コンサート分野について社団法人全国コンサートツアー事業者協会の山本幸治事務局長、ダンス分野について特定非営利活動法人アートネットワーク・ジャパンの市村作知雄理事長、演劇その他の舞台公演分野について世田谷パブリックシアター（財団法人せたがや文化財団）の高萩宏ゼネラルプロデューサーという、それぞれの分野の第一人者の方達に原稿段階で目を通していただいたほか、多くの方々から貴重な情報やアドバイスをいただきました。この場をお借りして感謝を申し上げます。

関連団体・組織一覧

名称（主な分野）	住所・tel ／ fax・URL
小説など 公益社団法人 日本文藝家協会	〒102-8559　東京都千代田区紀尾井町3-23 文藝春秋ビル新館5階 tel:03-3265-9658 ／ fax:03-5213-5672 https://www.bungeika.or.jp
舞台脚本 一般社団法人 日本劇作家協会	〒166-0002　東京都杉並区高円寺北2-29-14 伊藤第二ビル501 tel:03-5373-6923 ／ fax:03-5364-9205 http://www.jpwa.org
脚本 協同組合 日本脚本家連盟	〒106-0082　東京都千代田区一番町21 一番町東急ビル2階 tel:03-6256-9960 ／ fax:03-6256-9962 https://www.writersguild.or.jp
脚本 協同組合 日本シナリオ作家協会	〒103-0013　東京都中央区日本橋人形町2-34-5 シナリオ会館2階 tel:03-6810-9550 ／ fax:03-6810-9551 https://www.j-writersguild.org
音楽 一般社団法人 日本音楽著作権協会 （JASRAC）	〒151-8540　東京都渋谷区上原3-6-12 tel:03-3481-2121 ／ fax:03-3481-2150 https://www.jasrac.or.jp
舞台美術 一般社団法人 日本舞台美術家協会	〒151-0066　東京都渋谷区西原1-28-4 興和ビル tel&fax:03-6300-9104 https://jatdt.or.jp
美術作品 一般社団法人 日本美術家連盟 （JAA）	〒104-0061　東京都中央区銀座3-10-19 美術家会館5階 tel:03-3542-2581 ／ fax:03-3545-8429 http://www.jaa-iaa.or.jp
グラフィックデザイン 公益社団法人 日本グラフィックデザイン協会（JAGDA）	〒107-6205　東京都港区赤坂9-7-1 ミッドタウン・タワー5階 tel:03-5770-7509 ／ fax:03-3479-7509 https://www.jagda.or.jp

名称（主な分野）	住所・tel ／ fax・URL
映画 一般社団法人 日本映画製作者連盟	〒 103-0627　東京都中央区日本橋 1-17-12 日本橋ビルディング 2 階 tel:03-3243-9100 ／ fax:03-3243-9101 http://www.eiren.org
ビデオなど映像ソフト 一般社団法人 日本映像ソフト協会 （JVA）	〒 104-0045　東京都中央区築地 2-11-24 第 29 興和ビル別館 2 階 tel:03-3542-4433 ／ fax:03-3542-2535 https://www.jva-net.or.jp
教育・広報用など映像作品 公益社団法人 映像文化製作者連盟	〒 103-0016　東京都中央区日本橋小網町 17-18 藤和日本橋小網町ビル 7 階 tel:03-3662-0236 ／ fax:03-3662-0238 https://www.eibunren.or.jp
写真 一般社団法人 日本写真著作権協会 （JPCA）	〒 102-0082　東京都千代田区一番町 25 JCII ビル 403 tel & fax:03-3221-6655 https://www.jpca.gr.jp
ソフトウェア 一般社団法人 コンピュータソフトウェア著作権協会（ACCS）	〒 112-0012　東京都文京区大塚 5-40-18 友成フォーサイトビル 5 階 tel:03-5976-5175 ／ fax:03-5976-5177 （著作権ホットライン：03-5976-5178） https://www2.accsjp.or.jp
ソフトウェア 一般財団法人 ソフトウェア情報センター（SOFTIC）	〒 105-0003　東京都港区西新橋 3-16-11 愛宕イーストビル 14 階 tel:03-3437-3071 ／ fax:03-3437-3398 https://www.softic.or.jp
演劇製作者 公益社団法人 日本演劇興行協会	〒 104-0061　東京都中央区銀座 1-27-8 セントラルビル 602 tel:03-3561-3977 ／ fax:03-3561-3158 https://enkokyo.or.jp
舞台芸術 一般社団法人 緊急事態舞台芸術ネットワーク（JPASN）	〒 107-0061　東京都港区北青山 3-6-7 青山パラシオタワー 11 階 https://www.jpasn.net
コンサート製作者など 一般社団法人 コンサートプロモーターズ協会（ACPC）	〒 150-0022　東京都渋谷区恵比寿南 3-1-18 恵比寿南ビル tel:03-5768-1731 ／ fax:03-5768-1732 https://www.acpc.or.jp

名称（主な分野）	住所・tel ／ fax・URL
コンサート製作者など **一般社団法人 日本クラシック音楽事業協会**	〒141-0022　東京都品川区東五反田 5-24-9 五反田パークサイドビル tel:03-5488-6777 ／ fax:03-5488-6779 https://www.classic.or.jp
イベント製作者など **一般社団法人 日本イベント産業振興協会（JACE）**	〒102-0082　東京都千代田区一番町 13-7 一番町 KG ビル 3 階 tel:03-3238-7821 ／ fax:03-3238-7834 https://www.jace.or.jp
実演 **公益社団法人 日本芸能実演家団体協議会（芸団協）／実演家著作隣接権センター（CPRA）**	〒163-1466　東京都新宿区西新宿 3-20-2 東京オペラシティタワー 11 階 tel:03-5353-6600 ／ fax:03-5353-6614 https://geidankyo.or.jp ●芸団協 実演芸術振興部 〒160-8374　東京都新宿区西新宿 6-12-30 芸能花伝舎 2 階 tel:03-5909-3060 ／ fax:03-5909-3061 ● CPRA 〒163-1466　東京都新宿区西新宿 3-20-2 東京オペラシティタワー 11 階 tel:03-3379-3571 ／ fax:03-3379-3589 https://www.cpra.jp

（参考） 上記芸団協加盟団体中、ライブイベントとのかかわりが深い団体には以下が含まれる。（各団体連絡先は芸団協ホームページなど参照）

- 公益社団法人 日本劇団協議会
- 公益社団法人 日本俳優協会
- 一般社団法人 人形浄瑠璃文楽座
- 清元協会
- 常磐津協会
- 公益社団法人 日本演奏連盟
- 日本音楽家ユニオン
- 一般社団法人 日本バレエ団連盟
- 公益社団法人 日本舞踊協会
- 一般社団法人 日本落語協会
- 公益社団法人 日本奇術協会
- 公益社団法人 日本照明家協会
- 日本児童・青少年演劇劇団協同組合（児演協）
- 協同組合 日本俳優連合（日俳連）
- 公益社団法人 能楽協会
- 一般社団法人 義太夫協会
- 一般社団法人 日本長唄協会
- 公益社団法人 日本オーケストラ連盟
- 一般社団法人 現代舞踊協会
- 公益社団法人 日本バレエ協会
- 公益社団法人 上方落語協会
- 公益社団法人 落語芸術協会
- 一般社団法人 日本演出者協会

| **実演(プロダクション)**
一般社団法人 日本音楽事業者協会（JAME） | 〒151-0051　東京都渋谷区千駄ヶ谷 1-26-3
tel:03-3404-4133 ／ fax:03-5474-7615
https://www.jame.or.jp |

名称（主な分野）	住所・tel ／ fax・URL
実演（プロダクション） 一般社団法人 日本音楽制作者連盟 （FMPJ）	〒 150-0001　東京都渋谷区神宮前 5-48-1 神宮前和田ビル 2 階 tel:03-5467-6851 ／ fax:03-5467-6852 http://www.fmp.or.jp
レコード 一般社団法人 日本レコード協会 （RIAJ）	〒 105-0001　東京都港区虎ノ門 2-2-5 共同通信会館 9 階 tel:03-5575-1301 ／ fax:03-5575-1313 https://www.riaj.or.jp
放送 日本放送協会（NHK）	〒 150-8001　東京都渋谷区神南 2-2-1 NHK 著作権センター tel:（NHK ふれあいセンター）0570-066-066 ／ fax:03-3481-4000 https://www.nhk.or.jp
放送 一般社団法人 日本民間放送連盟 （JBA）	〒 102-8577　東京都千代田区紀尾井町 3-23 tel:03-5213-7717 ／ fax:03-5213-7714 https://www.j-ba.or.jp
出版物 一般社団法人 日本書籍出版協会 （JBPA）	〒 101-0051　東京都千代田区神田神保町 1-32 出版クラブビル 5 階 tel:03-6273-7061 ／ fax:03-6811-0959 https://www.jbpa.or.jp
雑誌 一般社団法人 日本雑誌協会	〒 101-0051　東京都千代田区神田神保町 1-32 出版クラブビル 5 階 tel:03-3291-0775 ／ fax:03-3293-6239 https://www.j-magazine.or.jp
出版物の複写 公益社団法人 日本複製権センター （JRRC）	〒 105-0002　東京都港区愛宕 1-3-4 愛宕東洋ビル 7 階 tel:03-6809-1281 ／ fax:03-6809-1283 https://www.jrrc.or.jp
ライブビューイング 株式会社 ライブ・ビューイング・ジャパン	〒 150-0031　東京都渋谷区桜丘町 20-1 渋谷インフォスタワー 18 階 https://liveviewing.co.jp
デジタルサイネージ 一般社団法人 デジタルサイネージコンソーシアム	〒 105-7508　東京都港区海岸 1-7-1 東京ポートシティ竹芝 8 階　CiP 内 https://digital-signage.jp

名称（主な分野）	住所・tel ／ fax・URL
肖像権・パブリシティ権 **特定非営利活動法人 肖像パブリシティ権擁護監視機構（JAPRPO）**	〒 160-8501　東京都新宿区左門町 4 四谷アネックス tel & fax:03-3226-0984 http://www.japrpo.or.jp
所轄官庁 **文化庁著作権課**	〒 100-8959　東京都千代田区霞が関 3-2-2 tel:03-5253-4111 ／ fax:03-6734-3813 https://www.bunka.go.jp
著作権全般 **公益社団法人 著作権情報センター（CRIC）**	〒 164-0012　東京都中野区本町 1-32-2 ハーモニータワー 22 階 tel:03-5309-2421 ／ fax:03-5354-6435 （著作権相談室）tel:03-5333-0393 https://www.cric.or.jp

一般社団法人 日本劇作家協会・公益社団法人 日本劇団協議会
統一モデル契約書 モデル契約 1［執筆・上演用／独占］

執筆委嘱及び上演許諾等に関する契約書

劇団＿＿＿＿＿＿＿（以下「甲」という）と作家＿＿＿＿＿＿（以下「乙」という）とは、甲が上演する戯曲の執筆及び上演の許諾等に関し、以下のとおり合意する。

第1条（執筆の委嘱）
　甲は乙に対し、次のとおり、戯曲（以下「本件戯曲」という）の執筆を委嘱し、乙はこれを承諾した。
（1）作品名
（2）原作
（3）その他指定事項等
第2条（提出期限）
　乙は甲に対し、本件戯曲について、次に定めるとおり各期限までに段階的に成果物を完成し、これを提出する。
（1）作品プロット　＿＿＿＿年＿＿月＿＿日まで
（2）第1稿　　　　＿＿＿＿年＿＿月＿＿日まで
（3）完成原稿　　　＿＿＿＿年＿＿月＿＿日まで
第3条（戯曲の内容に関する協議）
　甲と乙は、乙が完成原稿を提出するまでの間、本件戯曲の内容等について、必要に応じ連絡、協議等を行うものとする。
2．甲が、乙から提出された完成原稿について、上演する過程において、その内容を変更する必要があると判断した場合には、甲と乙とは協議のうえ、変更内容を決定する。
第4条（著作権の帰属）
　本件戯曲の著作権は、乙に帰属する。
第5条（第三者の権利処理）
　乙が本件戯曲を執筆するに当たり、原作者、翻訳者等第三者の権利処理が必要な場合には、甲の責任と費用によりこれを行う。
2．前項の権利処理によっても、乙の権利に変更をきたすものではない。
第6条（実費の負担）
　乙が本件戯曲を執筆するに当たり要する取材、資料調査等に関する実費は、乙の負担とする。ただし、甲の指示によって発生した実費は、甲の負担とする。
第7条（上演の許諾）
　乙は甲に対し、次の条件により、本件戯曲の上演を許諾する。

（1）上演劇場名（予定）

（2）上演期間（予定）

（3）上演回数（＿＿回以内）

（4）その他指定事項等

2．前項の上演（以下「本件上演」という）に対する許諾は、日本語圏内における独占的排他的許諾であり、甲は、＿＿＿＿年＿＿月＿＿日から3年以内（以下「上演許諾期間」という）は独占的に上演することができ、乙は、同期間中、第三者に対し本件戯曲の上演を許諾してはならない。

3．乙が、上演許諾期間内に、第三者に対し上演を許諾することを希望するやむを得ない事情がある場合には、甲に対し、書面で申入れをし、甲が一定の条件でこれを承諾した場合には、例外的に第三者に対する上演を許諾することができる。

4．甲と乙は、第2項の上演許諾期間について、双方協議のうえこれを延長することができる。

第8条（委嘱料及び許諾料）

　　本件戯曲の執筆委嘱料及び本件上演についての上演許諾料は、金＿＿＿＿＿＿＿＿＿円とする。

2．甲は乙に対し、前項の金員を次のとおり分割して支払う。

（1）第2条（1）の成果物を甲が受領したときから＿＿＿日限り金＿＿＿＿＿＿＿＿円

（2）第2条（2）の成果物を甲が受領したときから＿＿＿日限り金＿＿＿＿＿＿＿＿円

（3）第2条（3）の成果物を甲が受領した後、本件上演初日から＿＿＿日限り
　　　金＿＿＿＿＿＿＿円

3．前条第2項及び第4項に定める上演許諾期間内の再演（前条第1項（3）に定める上演回数を超える上演）についての許諾料は、上演回数1回につき、金＿＿＿＿＿＿＿＿円とする。

第9条（録音・録画及び写真撮影の許諾）

　　乙は甲に対し、本件上演及び再演（舞台稽古、リハーサル等を含む）に関し、次の各号に定める目的のために、録音・録画及び写真撮影を行い、これを利用することを許諾する。この許諾に関する許諾料は前条第1項又は第3項の金額に含まれるものとする。

（1）甲が、研修、再演の検討等を行うため、内部資料として利用すること

（2）甲又は本件上演及び再演についての広告宣伝のため利用すること

（3）

（4）

第10条（放送等再利用の許諾）

　　第7条第2項及び第4項により定めた上演許諾期間中、本件上演及び再演の公衆送信（放送、有線放送及び自動公衆送信）、前条各号に定める目的以外の録音・録画及び写真撮影等の再利用を許諾するか否か並びに許諾する場合の条件については、甲と乙が別途協議の上決定する。

2．前項の許諾条件を協議するにあたって、甲は、乙の著作者人格権にかかわる事項（場面やセリフ等の削除・改訂についての諾否及び許諾する場合の許諾範囲等）を尊重し、乙の承諾を得て決定する。

第11条（執筆の遅滞）

　甲は、乙が第2条に定める期限までにそれぞれの成果物を提出しない場合には、乙に対し、相当の期間を定めて催告のうえ、本契約を解除することができる。

2. 前項により契約が解除された場合、乙は甲に対し、第8条により既に受領済みの金員がある場合には、この金員に年5分の利息を付して返還するものとする。

第12条（上演の中止）

　乙は、甲が本件上演の中止を決定した場合、又は第7条第1項（2）の予定上演期間の初日から6か月を経過した後も初日を迎えない場合には、本契約を解除することができる。

2. 前項により契約が解除された場合、乙は、それまで完成した業務の程度に応じて第8条に基づき支払いを受けるべき金員をただちに請求することができる。

第13条（債務不履行）

　甲又は乙が、本契約上の義務をその責めに帰する理由により怠った場合には、他方当事者は、本契約を解除することができる。

2. 一方当事者の債務不履行により他方当事者に損害が発生した場合は、他方当事者は損害賠償請求をすることができる。ただし、乙の債務不履行による損害賠償額の範囲については、委嘱料及び許諾料の（　　　）％を上限とする。

第14条（著作権法の遵守等）

　甲と乙は、著作権法に基づく権利を擁護し、本契約を遵守して誠実に契約上の義務を履行することを、相互に確認する。

第15条（協議事項）

　本契約に定めのない事項については、甲乙間で協議のうえ、円満に解決を図るものとする。

　以上、本契約締結の証として本書2通を作成し、甲乙記名捺印のうえ、各自1通を保有する。

　　　＿＿＿＿年＿＿月＿＿日

　　　甲（劇団）住所
　　　劇団名
　　　代表者氏名

　　　乙（作家）住所
　　　氏名

※なお、全3タイプは一般社団法人日本劇作家協会ホームページ（http://www.jpwa.org）にて閲覧可。

一般社団法人 日本舞台美術家協会 デザイン委嘱契約書〈雛形〉

巻末資料

デザイン委嘱契約書〈雛形〉

主催者　　　　　　　　　　　（以下甲という）と、デザイナー　　　　　　　　　（以下乙という）は、甲が乙にデザインの委嘱を行うに際し、次のとおり契約を締結します。

◆委嘱業務の内容と報酬◆

1. 公演名

2. 上演期間　　　　　年　月　日　から　　　年　月　日　まで

3. 上演場所

4. 上演回数（初演）　　　　　回

5. 委嘱契約料（報酬）　　　　金　　　　　　　　円（消費税別）

6. 支払日　　　　　　　　年　　月　　日

7. 委嘱業務　　　　装置デザイン／衣裳デザイン／その他（　　　　　　）

◆著作権、再演その他の二次利用◆

8. デザイン画・デザイン図面及び模型（作成する場合）の著作権及び所有権は乙に帰属します。

9. 当該公演に関する営利目的の二次使用の許諾については、甲と乙との別途協議事項とします。なお、甲は、乙のために、製作された装置や衣裳を記録用に写真撮影する便宜を与えるものとします。

10. 再演についての著作物使用料は、甲と乙との別途協議とします。再演にあたり著作物を変更する必要が生じた場合、乙は合理的なデザイン変更に応じるものとします。その報酬については甲と乙との別途協議とします。

11. 装置／衣裳を各一点以上製作するときには、甲と乙とは追加使用料について協議するものとします。装置／衣裳を譲渡、リース又は流用する時は、甲は乙の事前の許可を得るものとします。

◆舞台模型、美術助手その他の費用◆

12. 乙が、委嘱業務のために美術助手が必要だと考える場合、甲は誠意をもって協議に応ずるものとし、美術助手を用いると決定した場合には、その契約締結および報酬の支払いは、甲の負担でおこなうものとします。

13. 前項のほか、甲は委嘱業務のために要した合理的な費用を負担するものとします（乙が提出することを要する模型の製作費を含む）。

◆履行不可能◆

14. 上記のほか、乙が不可抗力（天変地異、事故や病気等）により本契約を履行できなくなった場合にはただちに甲に報告するものとし、その後の義務を免れるものとします。この場合、甲及び乙は協議を行い、乙がすでに遂行した業務の割合に応じて、乙への支払金額を決定します。

◆契約不履行◆

15. 上記のほか、本契約が、甲乙どちらかの一方的な理由により履行されない時は、相手方はただちに本契約を解除し、損害の賠償を請求することが出来ます。ただし、乙の損害賠償の義務は、委嘱契約料の倍額返還を限度とします。

◆公演中止・延期◆

16. 本公演が公演初日以前に中止または延期され、かつ第7項に従ってデザインがすでに提出されている場合は、甲は乙に対し、委嘱契約料を全額支払うものとします。他方デザインが未提出の場合には、委嘱契約料の半額を下限として、協議で決定した金額を甲は支払います。いずれの場合も、甲は、その時点までに乙が支出した第12項及び13項記載の費用を支払うものとします。

◆デザイナーの義務の範囲◆

17. 乙は委嘱業務を行うにあたって、甲の当初の計画、方針に沿い、公演の成果をあげるべく誠意をもって遂行します。乙はデザインの視覚的な観点に責任をもち、甲は安全性の確保のためにデザインを変更する必要があると判断した場合には、甲乙、誠意を持って協議のうえ決定することとします。

◆契約外の事項◆

18. 本契約に記載されていない事項や疑義が生じた時は、甲乙協議のうえ決定することとします。

以上契約の証として、本書2通を作成し、甲乙記名捺印のうえ、各1通を保有します。

　　　　　年　　　月　　　日

甲（主催者）　　住所

　　　　　　　　氏名

乙（デザイナー）　住所

　　　　　　　　氏名

※上記デザイン委嘱契約書〈雛形〉は一般社団法人日本舞台美術家協会のホームページ（https://jatdt.or.jp）にて入手可。

一般社団法人 コンサートプロモーターズ協会（ACPC）
ライブ・エンタテインメント約款

（前文）

この約款は、実演家がその芸術性を十分に発揮し、入場者が安全に楽しめる環境を保持するとともに、合理的で円滑な運営をもって主催者及び入場者の正当な利益を保護することを目的とした契約関係を明示したもので、平成7年2月に制定された「コンサート約款」を改訂したものです。

第1条（定義）

この約款において「公演」とは、演奏会、ミュージカル、オペラ、バレエなど音楽を主体とした公演をいいます。

この約款において「入場者」とは、入場券を購入等（無償で招待券を入手した場合を含みます。以下同じ。）して公演に入場する者をいいます。この約款において入場者は、入場料を支払うことにより入場券を購入したものとみなされます。

この約款において「主催者」とは、入場券の発券及び販売等の開催に関する業務を統括する者をいいます。

第2条（公演内容）

公演が実施される際、やむを得ない事情で公演内容が変更される場合があります。

第3条（明示の義務）

主催者は、公演に関する責任を明確にするため、入場券面に、主催者名、問い合わせ先等を明示するものとします。

複数の者が主催する公演又は実行委員会等複数の者によって構成される団体が主催する公演の場合、入場者等への対応窓口として、前者においては代表する主催者、後者においては実行委員会等の問い合わせ先を入場券面に明示するものとします。

第4条（主催者の役割）

主催者は、公演に関する宣伝告知、入場券の発券及び販売等の公演開催に関する業務を統括し、公演日には、公演を円滑かつ安全に運営するものとします。

第5条（入場者間のトラブル）

主催者は、公演会場内における入場者間のトラブルについては一切責任を負いません。

第6条（事故の事前防止）

主催者は公演会場内における事故を防止するため、必要な人員を配置し、安全管理に必要な措置を講じるものとします。

主催者は、入場者に対し、円滑で安全な公演環境を提供するため、公演会場において必要

な注意事項等を告知します。

主催者は、入場者に対して、公演会場への入場に際して危険物及び公演の進行の妨げになると判断する物品の持ち込みを禁止できるものとします。

主催者は、入場者が公演会場に入場する際、携帯品の開示等を求めることができるものとし、危険物及び公演の進行の妨げになると判断する物品については、終演時まで預かり保管することができるものとします。

主催者は、公演会場が混乱すると判断した場合、入場者に注意を呼びかけ、適切な指示を与えることができるものとします。

主催者は、入場者が係員の指示に従わなかったり、他の入場者に迷惑を及ぼす等、円滑かつ安全な公演運営が妨げられると判断した場合、当該入場者に公演会場からの即時退去を要求することができます。この場合、主催者は、入場券代金の返還はもとより、旅費、通信費、手数料等一切の費用の請求には応じません。

主催者の指示ないし公演会場での注意事項に従わずに生じた事故等については、主催者は入場者に対し一切責任を負いません。

第 7 条 (開演後のコンサートの中止及び延期)

主催者は、公演の開演後において、天災や不可抗力の事由によって公演が続行不可能と判断した場合又は入場者や出演者の身体、財産等に被害が及ぶと判断した場合、公演を直ちに中止又は中断することができます。

第 8 条 (公演の際における規制等)

公演には、演目の種類、出演者の芸術的価値観、表現方法の違い等によって、それぞれの開催趣旨があり、こうした公演の開催趣旨にのっとって、主催者は、特別な規制を行うことができるものとします。

主催者は、特別な規制について、公演に関する宣伝告知、入場券販売時又は公演日において適切な告知を行うものとします。

主催者は、年齢等の規制がある場合には、公演に関する宣伝告知又は入場券販売時において適切な告知を行うものとします。

主催者は、開演後においては、入場者に対し、客席への入場の規制を行うことができるものとします。

主催者は、暴力団関係者の公演会場への入場を断ることができるものとします。

第 9 条 (禁止事項等)

公演において、入場者が以下の行為をすることは禁止されるものとします。

① 録音機器、録画機器、撮影機器及びこれらの類似機器の公演会場への持ち込み及び公演会場での使用
② 客席内での携帯電話、ノートパソコン及びこれらの類似機器の使用
③ 電子音を発生する機器の公演会場への持ち込み及び公演会場での使用
④ 演出効果の妨げになる物の客席内への持ち込み及び使用

入場者は、補聴器等電子音を発する機器等を公演会場に持ち込む必要がある場合には、あ

らかじめ主催者の同意を得るものとします。

入場者は、他の入場者及び出演者に危害を及ぼす行為を一切しないものとします。入場者はかかる行為により生じた損害及び本条1項の違反により生じた損害をすべて賠償するものとします。

第10条 (入場券)

主催者は、公演会場に入場できる証書（電子的な情報を含むものとします。）として入場券を発券します。

入場券を所持していない場合には、公演会場に入場することはできません。但し、正当な理由があると主催者が認め、かつ、本人確認ができる場合には、この限りではありません。

第11条 (販売)

入場券は、主催者により管理され、主催者又は主催者から委託を受けた委託販売者（以下、「委託販売者」といいます）により販売されます。

第12条 (委託販売)

委託販売者によって扱われた入場券の販売に関するトラブルは、委託販売者と入場券購入者との間で処理されます。

第13条 (転売の禁止)

入場券を購入する者は、以下の事項に同意のうえ、入場券、予約券、その他入場券購入の権利（以下、「入場券等」といいます。）を購入します。

① 主催者又は委託販売者から購入した入場券等を、営利を目的として第三者に販売又は譲渡しないこと

② インターネットオークションへ出品する等、入場券等の転売を試みる行為をしないこと

③ 第三者への転売を目的として入場券等を購入しないこと

主催者又は委託販売者ではない者から以下の方法及びこれらに類似した方法等で購入された入場券等については、入場する権利を保証することはできません。また、これらの入場券等に関するトラブルについて、主催者及び委託販売者は一切責任を負いません。

① インターネットオークションでの購入

② ソーシャル・ネットワーキング・サービスや掲示板等、インターネットを介した個人からの購入

③ チケットショップ、ダフ屋又は購入代行業者からの購入

④ 上記①から③に準ずる方法での購入

第14条 (目的外使用)

主催者又は委託販売者から購入等した入場券等は、主催者の明示の同意がない限り、物品の販売促進、景品等を目的として、販売又は譲渡することはできません。

第 15 条（表示）

主催者は、発券する入場券に次に掲げる事項を記載します。

① 公演名又は公演者名

② 公演日及び公演会場

③ 開場時間及び開演時間

④ 入場料（消費税を含む）

⑤ 座席番号又は入場整理番号

⑥ 主催者及び問い合わせ先

主催者の同意なしに掲載された公演告知等に基づくトラブルに関しては、主催者は一切責任を負いません。

第 16 条（有効性）

入場券等は、券面指定日時又は券面指定期間に限り有効です。

入場券等は、盗難、紛失又は滅失等による再発行は致しません。但し、正当な理由があると主催者が認め、かつ、本人確認ができる場合には、この限りではありません。

第 17 条（返品等）

購入された入場券等は、主催者の都合による場合を除き、返品、キャンセル、取り替え、変更等は一切できません。

第 18 条（座席位置の移動）

主催者は、死角の発生や機材の移動等、公演実施のためやむを得ない事由によって入場者に座席位置の移動をお願いすることがあります。

第 19 条（延期、中止）

主催者は、天災地変、出演者の病気・死亡等、疫病対応、交通機関の利用不能、悪天候、停電、不可抗力の事由によって公演を延期又は中止することができます。この場合、次の代替公演日のない時を中止といいます。

前項でいう公演の延期とは、主催者によって代替公演日が指定されたものをいいます。

本条に定める場合以外には、原則として入場券等の払い戻しはできません。

第 20 条（告知義務）

主催者は、公演を延期又は中止する場合、速やかに以下の事項を告知します。

① 延期又は中止の理由

② 延期の場合は次の公演日時及び場所の設定

③ 払い戻しを希望する入場券等の購入者への払い戻し期間及び場所等

第 21 条（払い戻し金額等）

公演の延期又は中止の場合の払い戻し金額は、入場券等の購入金額とします。

入場券等の購入者が払い戻しを受ける場合、旅費、通信費、その他入場券等の購入に際し

支出した費用等を一切請求することはできません。但し、郵送手数料を主催者又は委託販売者に支払っている場合であって、まだ入場券等の郵送がなされていないものについては、その払い戻しを受けることができます。

第22条（公演予定日の対応）
主催者は、公演の延期又は中止の場合、当初予定された公演当日には係員を公演予定会場に配置し、公演の延期又は中止を知らずに会場に来場した入場券等の購入者に対応します。前項の場合においても、入場券等の購入者は、旅費、通信費、その他入場券等の購入に際し支出した費用等を一切請求することはできません。

第23条（物品の販売）
主催者は、公演会場周辺で販売されている不正商品（当該公演の実演家の許諾なしに当該実演家の氏名・肖像等を使用した商品等をいいます。）について一切責任を負いません。

※上記約款は一般社団法人コンサートプロモーターズ協会（ACPC）のホームページ（https://www.acpc.or.jp/activity/concert/）にて閲覧可。

索引 [主要なページに限る]

編著者・著者プロフィール

編著者

福井 健策（ふくい けんさく）

弁護士、ニューヨーク州弁護士（骨董通り法律事務所）。日本大学芸術学部・神戸大学大学院・芸術文化観光専門職大学（CAT）ほか客員教授。

1991 年東京大学法学部卒業。1993 年弁護士登録（第二東京弁護士会）。米国コロンビア大学法学修士課程修了（セゾン文化財団スカラシップ）、シンガポール国立大学リサーチスカラーなどを経て、現在、骨董通り法律事務所 代表パートナー。著書に『改訂版 著作権とは何か』（集英社新書、2020 年）、『エンタテインメントと著作権』シリーズ全 5 巻（シリーズ編者、著作権情報センター、2006 年〜）、『契約の教科書』（文春新書、2011 年）、『『ネットの自由』vs. 著作権』（光文社新書、2012 年）、『18 歳の著作権入門』（ちくまプリマー新書、2015 年）、『エンタテインメント法実務』（編著・弘文堂、2021 年）ほか多数。内閣府・文化庁ほか政府委員、デジタルアーカイブ学会理事、緊急事態舞台芸術ネットワーク 常任理事・政策部会長、EPAD 代表理事、ELN 理事、「本の未来基金」運営委員、日本文学振興会評議員などを務める。

https://www.kottolaw.com　Twitter: @fukuikensaku

著者

二関 辰郎（にのせき たつお）

弁護士・ニューヨーク州弁護士（新平河町法律事務所）。

1987 年一橋大学卒業。ソニー株式会社法務部勤務を経て 1994 年弁護士登録（第二東京弁護士会）。1998 年米国ニューヨーク大学法学修士課程修了（Trade Regulation 知的財産権集中コース）。骨董通り法律事務所パートナー約 18 年を経て、2022 年新平河町法律事務所を設立。専門分野は著作権法、各種国際取引、個人情報保護法ほか。著作は『エンタテインメント法実務』（共著・弘文堂、2021 年）、『新基本法コンメンタール 情報公開法・個人情報保護法・公文書管理法』（共著・日本評論社、2013 年）ほか。最高裁判所司法研修所教官、日弁連情報問題対策委員会委員長、公益社団法人自由人権協会（JCLU）理事・事務局長、BPO（放送倫理・番組向上機構）放送人権委員会委員長代理などを務める。

エンタテインメントと著作権―初歩から実践まで―①

ライブイベント・ビジネスの著作権（第2版）
（『ライブ・エンタテインメントの著作権』改題・改訂）

2006年1月23日　初版第1刷発行
2015年8月1日　改題・改訂版第1刷発行
2023年7月20日　改題・第2版第1刷発行

編者 ———— 福井健策
著者 ———— 福井健策・二関辰郎
発行所 ———— 公益社団法人 著作権情報センター（CRIC）
　　　　　　〒164-0012　東京都中野区本町1-32-2
　　　　　　　　　　　　ハーモニータワー22階
　　　　　　tel：03-5309-2421　fax：03-5354-6435
　　　　　　URL：https://www.cric.or.jp
印刷・製本 ———— 株式会社 Reproduction

©FUKUI Kensaku, NINOSEKI Tatsuo, 2006, 2015, 2023.　Printed in Japan
ISBN978-4-88526-098-8
★定価はカバーに表示してあります。
★乱丁・落丁本は発行所宛てにご送付ください。送料は当センター負担でお取
　り替えいたします。
★本書の複写（コピー）・スキャニング・記録媒体への入力等により無許諾で
　複製することは、著作権法に規定された場合を除いて禁止されています。

エンタテインメントと著作権 ── 初歩から実践まで ── ②
映画・ゲームビジネスの著作権(第2版)

福井健策編／内藤 篤・升本喜郎著　Ａ５判／328頁
定価：本体2,500円＋税

◉映画・ゲームビジネスの現場で活躍するクリエイター・スタッフ必携の書！
映画・ゲーム業界のクリエイターやビジネスパーソンが知っておくべき制作現場の知識をわかりやすく解説する。　　　　　　　　　　　（2015年10月発行）

エンタテインメントと著作権 ── 初歩から実践まで ── ③
音楽ビジネスの著作権(第2版)

福井健策編／前田哲男・谷口 元著　Ａ５判／312頁
定価：本体2,500円＋税

◉音楽ビジネスの現場で活躍するクリエイター・スタッフ必携の書！
音楽ビジネスに欠かせないベストガイドの第2版。音楽ビジネスのしくみと動向、権利処理の最新の知識がこの1冊で！　　　　　　　　　　　（2016年7月発行）

エンタテインメントと著作権 ── 初歩から実践まで ── ④
出版・マンガビジネスの著作権(第2版)

福井健策編／桑野雄一郎・赤松 健著　Ａ５判／296頁
定価：本体2,500円＋税

◉出版・マンガビジネスの現場で活躍するクリエイター・スタッフ必携の書！
出版のあらゆるビジネス・シーンで不可欠な著作権の知識を凝縮した第2版。
　　　　　　　　　　　（2018年1月発行）

エンタテインメントと著作権 ── 初歩から実践まで ── ⑤
インターネットビジネスの著作権とルール(第2版)

福井健策編／福井健策・池村 聡・杉本誠司・増田雅史著　Ａ５判／328頁
定価：本体2,800円＋税

◉インターネットビジネスの現場で活躍するクリエイター・スタッフ必携の書！
初版から6年。待望の全面改訂。SNS・AI・ブロックチェーン・海賊版・グローバル配信… 著作権の基礎から実践まで網羅。この1冊でインターネットの著作権とルールを身近なものに。　　　　　　　　　　　（2020年3月発行）

そこが知りたい
著作権Q&A100 〜CRIC著作権相談室から〜(第2版)

早稲田祐美子著　Ａ５判／260頁
定価：2,300円＋税

◉著作権に関する疑問を解決！
9年ぶりの改訂。月刊『コピライト』誌「著作権Q&A」から厳選した応用編61問、基礎編46問をわかりやすく解説する1冊（令和2年法改正対応）。（2020年12月発行）